SPANISH SHORT STORIES

20 Easy To Read Stories
With Over 1000 Vocabularies
(Volumes I and II)

Charles Mendel

Copyright © 2018 Charles Mendel

All rights reserved. No part of this publication may be reproduced, stored in a retrieval system, or transmitted, in any form or in any means – by electronic, mechanical, photocopying, recording or otherwise – without prior written permission.

ISBN: 9781719927864
Imprint: Independently published

Contents

Part 1 1
Introduction 3
1. Un lunes lleno de sorpresas 7
   Vocabulary 11
2. La bruja de San Andrés 14
   Vocabulary 18
3. La gran noticia 21
   Vocabulary 24
4. Reunión I 27
   Vocabulary 30
5. Melina 33
   Vocabulary 35
6. Reunión II 38
   Vocabulary 42
7. La mejor cámara de todas 45
   Vocabulary 48
8. Casualidad y Causalidad 51
   Vocabulary 54
9. La huerta 57
   Vocabulary 60
10. La biblioteca 63
    Vocabulary 66

Part 2	69
Introduction	71
11. Unicornios	75
Vocabulary	80
12. Diez Cuadras	85
Vocabulary	90
13. Las Casa Del Lago	94
Vocabulary	98
14. Octarquía	101
Vocabulary	105
15. Reunión III (Parte 1)	109
Vocabulary	116
16. Intuición En Custodia	120
Vocabulary	124
17. Mitín	127
Vocabulary	131
18. Reflejos Imperfectos	135
Vocabulary	138
19. Otra Anécdota Diaria	141
Vocabulary	145
20. Sin Nombre	149
Vocabulary	152
Conclusion	154

Part 1

Introduction

The content of this book is specifically oriented to English speakers who are in the process of learning Spanish as a Second Language. People of all ages are invited to read or listen to someone reading the stories.

Each of the stories include a vocabulary list at the end with the Spanish words that have been previously highlighted in bold. The grammatical structures that you will find are easy to understand: all complexities are avoided in this book. The events narrated in each story follow a chronological order so that the logic chain of the facts is not interrupted and makes it easier for you to picture them in your mind.

The main purpose of this book is to help you in the process of acquiring vocabulary. The vocabulary lists include all the entries translated by a professional Translator. Remember that all the words have been translated according to the context in which they appear. For instance, *querer* will not be equally translated in "*Quiero una manzana*" (I want an apple,) "*Te quiero*" (I love you,) or even "*Quisiera volar*" (I would like to fly.)

The lexicon that you can consciously extract from each story will be ultimately stored in your long-term memory. The aim of repeating the words is to put the same concepts in relation to other concepts of the same kind, within the same word families and thematic fields, with different functions in other sentences or other sequence of events, different roles, and different meanings. This will help you in the process of relating the word to the concept in your mind, similar to when you recall the concepts gained through different experiences when hearing words in your mother tongue. For example, when you hear the word "dog," you might probably associate it to your childhood's pet, or to your neighbor's dog who once bit you, or most probably: both. This is the complicated process underlying the choices behind the writing of these stories, and you have the right to know our recipe.

You will first find commonly used words that most probably you already know. As you go on reading, new topics will appear. Particularly, *La gran noticia* is the third story, and it starts expanding your vocabulary on colors, vehicles, school stuff, and family. In the subsequent stories, you will find family members as main characters, such as in the eighth story you will find the word *papá* (dad) but this will not be included in the vocabulary list; this will help you recall another dad that appeared in a previous story with a different role.

Later on, as you go on reading, you will find common idiomatic expressions, e.g. *no estar en sus cavales* means *no estar cuerdo* (=to be insane). These are expressions consisting in more than one word, which cannot be separated into its parts to find out the meaning of the expression as a whole.

The vocabulary entries have been alphabetically ordered for your comfort, making it easier to find the words in case you cannot remember a particular one and have to go back to the chart.

Some of the stories are quite simple, always with a plot that ends with a nice lesson. A few other stories, such as *Reunión II*, while still easy to understand, hide the end and leave it to your deduction skills. You can look for the clues as you re-read the story and find out the mystery about who the main character/ speaker was all the time in interior monologues.

The stories kindly encourage reflections about our everyday actions (with the environment, with other people), priorities (education, family, friendship), influences (social, technological), assumptions, etc.

Reading a glossary has been proven a completely useless and ineffective method to learn another language, not to mention counterproductive as it demotivates and frustrates you. It should be learnt in an enjoyable, fun, and personal way, and that is what this book is intended to provide. Discover worlds similar to this one, as well as other worlds where animals communicate with humans or even veggies take the bus and drive cars.

It is highly advisable that you read the stories twice or more until you don't need to consult the glossary more than 5 times. Moreover, do not skip the introduction to each story as this will predict important points that you may consider while reading, such as conjugations, word families, or themes.

If you are tired of reading the same material everyone knows about, this is the perfect book: genuine stories with divergent thought and contemporary perspectives embedded that I swear you will not find anywhere else.

Only conversational language is included, and narration conforms a big part of our everyday talk. Don't you usually find yourself in a situation where you can't skip the setting, probably to justify your actions, opinions or feelings? Be able to retell your anecdotes with the correct grammatical structures and a wide vocabulary range.

Hop on!

Spanish Short Stories

STORY 1 INCLUDES:

- ✓ Parts of the day: morning, afternoon, night.
- ✓ Feelings: sad, spirits, happy, patience, kiss, hug, smile, etc.
- ✓ Farm life: cows, vaccines, fertilizer, flowers, chicken, vet, routes, etc.
- ✓ Conjugations in the 3rd person, past.
- ✓ A nice ending with kind actions.

Un lunes lleno de sorpresas

El **lunes** fue un día **lluvioso** en la **granja** de Don Javier. Luego del **amanecer**, **Don** Javier **condujo** con su **camioneta** hasta el **pueblo** para **hacer unas compras** a eso de las nueve de la **mañana**. Le costaba **ver** bien con tanta lluvia y con tan poco **sol**, y las **rutas** no estaban iluminadas. Por esto, tuvo que conducir **despacio**. Don Javier **encendió** la radio pero no **escuchó** nada, ya que cuando había lluvia, las **emisoras** suspendían todos sus programas. Pero Don Javier **mantenía** sus ánimos. Luego de una hora, el señor Javier al fin llegó a la primera **tienda**, una **veterinaria** en donde debía comprar unas **vacunas** para sus **vacas**.

-Buen día.- Saludó el Don Javier muy **amablemente**.

Sin embargo, no hubo respuesta por parte de la **vendedora**, que se encontraba con su celular en la mano.

<<Quizás no me escuchó>> Pensó Don Javier.

Luego de **buscar** por toda la tienda, Don Javier no **encontró** las vacunas que **necesitaba** para sus vacas, por lo que se acercó a **preguntarle** a la vendedora si le quedaba alguna.

-Se acabaron ayer.- Dijo de manera muy directa y **monótona** sin **mirarlo** a la cara.

Don Javier **agradeció** la atención a pesar de que no le **agradó** demasiado el tono de la vendedora y la actitud evasiva.

El próximo destino era el **vivero**. Ese era uno de los **lugares** favoritos de Don Javier, **ahí** veía todo tipo de **flores** y plantas de **muchos** colores. Debía comprar un litro de **fertilizante** para cuidar de sus propias y queridas plantas.

Apenas llegó a la **entrada** del vivero, se encontró con que estaba **cerrado**. Se acercó a la **puerta** de **vidrio**, y del otro lado se leía "cerrado por **vacaciones**". ¡Pero claro! **La semana pasada**, Don Javier había escuchado en la radio que esta semana empezarían las vacaciones. Por suerte, la lluvia iba a **ayudar** a fertilizar sus plantitas y a mantenerlas bien.

A pesar de la serie de **hechos desafortunados** que sucedieron en el día, Don Javier **aún** estaba **feliz** porque esa noche **vendría** su **esposa** desde muy lejos a **visitarlo** a la granja por unos días. Por eso, antes de volver a casa, iba a pasar por la **florería** a comprar un **ramo** de rosas, las favoritas de María, su esposa.

Don Javier se **dirigió** a la florería, que estaba a unas 20 **cuadras** de distancia. Por suerte, estaba **abierta**. Aún seguía siendo **primavera** y las flores debían estar **hermosas**. Llegó a la florería y allí estaban, apenas entró las **vio**, de un color **rojo brillante**, con una textura **suave** y la forma más perfecta que hubiera visto. El ramo de rosas lo estaba **llamando**, como **esperando** su **llegada**. Tomó la **etiqueta** para ver el **precio**, y se llevó una **sorpresa**. La etiqueta no decía el precio, decía "Reservado". El racimo ya lo habían comprado y ya estaba reservado.

Entonces, una **anciana** se asomó y se acercó a **hablarle**.

-Buen día, Don Javier. ¿En qué puedo ayudarle hoy?

Don Javier ya no estaba con ánimos, por lo que le respondió con **voz** de **tristeza**: -En nada. Solo buscaba un ramo de rosas para mi **querida** esposa María.

-**Lamento** decirle, Don Javier, que ya no quedan y esta está reservada para alguien más.

Don Javier se puso muy triste, saludó y se fue a su camioneta. Estaba muy **mojado**, la lluvia no paraba, las **calles** de tierra eran

intransitables por el **lodo**, el interior de la camioneta ya tenía olor a **humedad**. Don Javier tenía **frío** en los **pies**. Ya no recordaba qué lo **motivaba** tanto esa mañana. Luego de conducir durante 2 horas más, llegó a su casa, un poco desanimado y sin ganas. Al llegar, abrió la puerta y había alguien en el **sillón**, frente a la **chimenea**. Era María, su esposa.

-Hola. – Dijo María con una gran **sonrisa**. Estaba más **bella** que de costumbre, si eso fuera posible.

-Hola, –respondió Don Javier- ¿cómo estás?

-Muy bien, ¿y tú?

-Pues, la verdad es que no he tenido un día muy bueno.

-Te traje unas flores, espero que te gusten.- María le **había traído** un ramo de rosas a su **marido**. Eran perfectas, parecían **diseñadas** por el mejor de los **escultores**, **pintadas** por el mejor de los pintores, y **podadas** por el mejor de los **jardineros**. Pero Don Javier solo pensó <<Un **gesto** de la mejor de las esposas>>.

Don Javier se lanzó a **abrazarla** y darle un **beso**.

-Gracias, querida. Pero, ¿no es un poco extraño que una mujer le regale rosas a su esposo?

-Pues, la verdad es que no. ¿No te **gustan**?

-No, claro que sí me gustan. Es un lindo gesto que no esperaba, y eso lo hace aún **mejor**.

-Pues entonces disfrútalas. ¿Por qué has dicho que **tuviste** un mal día?

-No lo **recuerdo**. **Solo** recuerdo haberme **levantado** esta **mañana pensando** en ti y en el momento de verte.

Don Javier hizo la cena, **pollo frito** con tortillas de **zapallitos verdes**. Y mientras la hacía, María **sacaba** una serie de cosas que había traído en su camioneta, entre las que había una pipeta para las **pulgas** y **garrapatas** de los perros, unas vacunas para las vacas, un antiparasitario para los **pollitos**, un litro de fertilizante y otros artículos más que María había traído de la **ciudad**.

Don Javier la miró con una sonrisa **gigante** sin saber qué decir.

-¿Qué sucede?

-Gracias.- Don Javier supo entonces qué **decir** y **se dio cuenta** de lo **innecesaria** que fue su frustración, porque tarde o temprano los problemas **se solucionan**, solo hay que tener **paciencia** y estar **rodeados** de las personas **que amamos**.

VOCABULARY

(QUE) AMAMOS	(THAT) WE LOVE				
ABIERTA	OPEN	LLEGADA	ARRIVAL
ABRAZAR (LA)	HUG (HER)	LLUVIOSO	RAINY
AGRADECIÓ	THANKED	LODO	MUD
AGRADÓ	LIKED	LUGARES	PLACES
AHÍ	THERE	LUNES	MONDAY
AMABLEMENTE	KINDLY	MAJOR	BETTER
AMANECER	SUNRISE	MAÑANA	MORNING
ÁNIMOS	SPIRITS	MANTENÍA	KEPT
AÚN	STILL	MARIDO	HUSBAND
AYUDAR	HELP	MIRAR (LO)	LOOK (AT HIM)
BELLA	PRETTY	MOJADO	WET
BESO	KISS	MONÓTONA	MONOTONOUS
BRILLANTE	BRIGHT	MOTIVABA	ENCOURAGED
BUSCAR	SEARCH	MUCHOS	MANY
CALLES	STREETS	NECESITABA	NEEDED
CAMIONETA	TRUCK	PACIENCIA	PATIENCE
CERRADA	CLOSED	PENSANDO	THINKING
CHIMENEA	CHIMNEY	PIES	FEET
CONDUJO	DROVE	PINTADAS	PAINTED
CUADRAS	BLOCKS	PINTORES	PAINTERS
DECIR	SAY	PODADAS	CUT
DESAFORTUNADOS	UNFORTUNATE	POLLITOS	CHICKEN
DESPACIO	SLOW	POLLO FRITO	FRIED CHICKEN
DIRIGIÓ	WENT	PREGUNTAR	ASK
DISEÑADAS	DESIGNED	PRIMAVERA	SPRING
DON	MR.	PUEBLO	TOWN
EMISORAS	BROADCASTS	PUERTA	DOOR
ENCENDIÓ	TURNED ON	PULGAS	FLEAS
ENCONTRÓ	FIND	QUERIDA	DEAR
ENTRADA	ENTRY	RAMO	BOUQUET
ESCUCHÓ	LISTENED	RECUERDO	REMEMBER

ESCULTORES	SCULPTORS	RODEADOS	SURROUNDED
ESPERANDO	WAITING	ROJO	RED
ESPOSA	WIFE	RUTAS	ROUTES
ETIQUETA	LABEL	SACABA	TOOK OUT
FELIZ	HAPPY	SE DIO CUENTA	REALIZED
FERTILIZANTE	FERTILIZER	SE SOLUCIONAN	ARE SOLVED
FLORERÍA	FLOWER SHOP	SILLÓN	COUCH
FLORES	FLOWERS	SOL	SUN
GARRAPATAS	TICKS	SOLO	ONLY
GESTO	PRESENT	SONRISA	SMILE
GIGANTE	GIANT	SORPRESA	SURPRISE
GRANJA	FARM	SUAVE	SOFT
GUSTAN	LIKE	TIENDA	STORE
HABÍA TRAÍDO	HAD BROUGHT	TRISTEZA	SADNESS
HABLAR (LE)	TALK (TO HIM)	TUVISTE	HAD
HACER UNAS COMPRAS	DO THE SHOPPING	VACACIONES	HOLIDAYS
HECHOS	EVENTS	VACAS	COWS
HERMOSAS	BEAUTIFUL	VACUNAS	VACCINES
HUMEDAD	HUMIDITY	VENDEDORA	SELLER
INNECESARIA	UNNECESSARY	VENDRÍA	WOULD COME
INTRANSITABLES	IMPASSABLE	VETERINARIA	PET SHOP
JARDINEROS	GARDENERS	VIDRIO	GLASS
LA SEMANA PASADA	LAST WEEK	VISITAR (LO)	VISIT (HIM)
LAMENTO	REGRET	VIVERO	NURSERY
LEVANTADO	WOKEN UP	VOZ	VOICE
LLAMANDO	CALLING	ZAPALLITOS VERDES	GLOBE SQUASH

STORY 2 INCLUDES:

- ✓ Feelings: angry, annoyed, happy, grateful, cry, burst into tears, etc.
- ✓ Animal world: bats, cave, bees, honey, raven.
- ✓ Conjugations in the 3rd person, past.
- ✓ Lesson against prejudices, in favor of forgiving, being kind to others, empathy and understanding.

La bruja de San Andrés

San Andrés era un pueblo **desolado**, en el que vivían muy **pocas** personas. En la **periferia** se encontraba una **casa vieja** y abandonada en la que vivía **alguien**. **Nadie** tenía la **certeza** de quién, pero cuenta la **leyenda** que allí **vivía** una bruja.

Un **día**, Pedro, un **niño** de unos 10 años, estaba vendiendo **galletas** para **ahorrar** porque quería comprarse una **bicicleta**. A Pedro sólo le faltaba vender una **caja** para comprarse la bicicleta, así es que decidió **tocar el timbre** de la casa abandonada. Pedro no sabía mucho de esas **historias** horrorosas de las que la **gente** hablaba.

Luego de tocar el timbre muchas veces, la puerta se abrió sola, como por arte de magia. Al final de un **pasillo** se encontraba una mujer, de **pelo castaño**, **ojos** de color **miel**, que aparentaba unos 40 años. **Estaba vestida** en un pijama y se encontraba en un lugar muy **oscuro**. **La señora** parecía un poco **molesta**.

Luego de unos minutos, Pedro **se atrevió** a ofrecerle su última caja de galletas.

La señora al fondo del pasillo, con una **vela** en la **mano**, le contestó con una **voz ronca**, en tono de **enojo**, que eran muy **caras**. Pedro **se sintió** muy **mal** y **se largó a llorar**. A la señora pareció enfadarle mucho este llanto. La puerta se cerró de golpe y Pedro se fue **corriendo** a su casa.

<<Este niño va a **lamentar** haberme despertado de mi **siesta** para venderme una caja de galletas tan cara y molestarme con su llanto>> **Pensó** mientras tomaba un **libro** de **pociones** y **hechizos**.

Luego de **hojear** el libro, llegó a una **página** que decía "Cómo hechizar a un niño para que no llore más."

<<Esto es perfecto>> Se dijo **a sí misma**. <<Así **aprenderá** y no molestará más>>

Para el hechizo **necesitaría** 20 **gotas** de miel, **baba** de **murciélago** y 5 **plumas** de **cuervo**.

Esa misma **tarde**, la bruja salió en busca de todos los ingredientes. **Caminó** por el bosque hasta que encontró una **colmena**. Entonces, amablemente le pidió a una **abeja** que **volaba** por allí, si podía **darle** 20 gotas de miel. La abeja no **preguntó** para qué eran, pero se enojó porque le dijo que eran **demasiadas** gotas y que no podía darle **tanto**, ya que ella **trabajaba** con todo su grupo para poder hacer la miel y que este no era un trabajo **fácil**. Pero la bruja **insistió**.

La abeja le preguntó a su grupo si podían hacer una excepción y **donarle** las 20 gotas que la bruja necesitaba. Luego de **varios** minutos, se decidieron a darle lo que necesitaba como un **regalo**.

El **corazón** de la bruja se sintió **extraño**, no era un **sentimiento** muy común el de sentirse **gratificada**, y se sentía muy bien decir "gracias".

Luego, siguió caminando hasta encontrar la cueva de un murciélago. **Golpeó las manos** y se despertaron muchos murciélagos **asustados** por el **ruido**.

-¿Qué sucede? – Dice uno de los murciélagos.

-Me preguntaba si podían donarme un poco de su baba, es… para un experimento.

El murciélago estaba muy molesto. La bruja no recordaba que los murciélagos **dormían** de día y vivían de **noche**. Los había despertado a todos y todos estaban muy **gruñones**. La bruja lo lamentó, y los murciélagos la **perdonaron**. Al final, le donaron un poco de baba para que hiciera su "experimento".

Después, caminó hasta que se encontró con un cuervo, que estaba posado sobre un **poste**. El color **negro** de su plumaje brillaba con la **luz** del sol.

La bruja, entonces, le preguntó si podía donarle 5 **plumas**. El cuervo **notó** que la cara de la bruja demostraba tristeza y desánimo.

-¿Qué te sucede? – Le preguntó el cuervo.

-Es que, voy a hacer algo **malo** y no quiero hacerlo. – Respondió la bruja.

-¿Y por qué vas a hacerlo?

-Porque soy una bruja. – La bruja se largó a llorar porque no quería ser mala, pero la gente decía que si eras una bruja debías ser mala.

-No llores. Te cuento algo. La gente dice que los cuervos traemos mala **suerte**, pero la verdad es que yo soy un pájaro muy **bueno** y con gusto te daría 5 de mis plumas. Tú también puedes ser una bruja buena, ¿sabes?

-¿Cómo?

-Puedes hacer magia que **ayude** a las personas.

La bruja recordó que había unos libros de hechizos en su **biblioteca** que decían "Magia **Blanca**". Estaban llenos de **polvo** porque **nunca** los había abierto. La bruja le agradeció al cuervo por su **consejo**.

De vuelta a casa, la bruja pensaba en que volvería y sería una bruja buena. << ¿Cuál será mi **primer** hechizo bueno?>> Pensaba.

Cuando llegó a su casa, tomó uno de los libros de la biblioteca, lo **limpió** y lo abrió. Encontró un hechizo que decía "Cómo hacer una bicicleta". Iba a necesitar 20 gotas de miel, saliva de murciélago, y una **hoja** de un libro viejo. ¡Tenía todo!

La bruja **mezcló** los ingredientes, dijo unas palabras mágicas y creó una bicicleta. Se la llevó a Pedro, que vivía cerca. Tocó el timbre y Pedro abrió la puerta.

-Toma, Pedro. Quiero que sepas que te perdono por despertarme de mi siesta, como lo hicieron los murciélagos, que te regalo esto sin recibir nada a cambio, como lo hicieron las abejas. Y aparte te doy un consejo: sé un niño bueno siempre.- Le dijo la bruja, quien se sintió muy **feliz** de ver la sonrisa de Pedro al ver la bicicleta que la bruja le había regalado.

-¡Gracias! – Dijo Pedro con entusiasmo y le dio un beso en la **mejilla** a la bruja.

La bruja se fue muy **contenta** a su casa, pensando cuál sería su **próximo** hechizo de bruja buena.

VOCABULARY

A SÍ MISMA	TO HERSELF	MANO	HAND
ABEJA	BEE	MEJILLA	CHEEK
AHORRAR	SAVE UP	MEZCLÓ	MIX
ALGUIEN	SOMEBODY	MIEL	HONEY
APRENDERÁ	WILL LEARN	MOLESTA	ANNOYED
ASUSTADOS	SCARED	MURCIÉLAGO	BAT
AYUDE	HELP	NADIE	NOBODY
BABA	SALIVA	NECESITARÍA	WOULD NEED
BIBLIOTECA	LIBRARY	NEGRO	BLACK
BICICLETA	BIKE	NIÑO	BOY
BLANCA	WHITE	NOCHE	NIGHT
BUENO	GOOD	NOTÓ	NOTICED
CAJA	BOX	NUNCA	NEVER
CAMINÓ	WALKED	OJOS	EYES
CARAS +3.+.	EXPENSIVE	OSCURO	DARK
CASA	HOUSE	PÁGINA	PAGE
CASTAÑO	BROWN	PASILLO	CORRIDOR
CERTEZA	CERTAINTY	PELO	HAIR
COLMENA	HIVE	PENSÓ	THOUGHT
CONSEJO	ADVICE	PERDONARON	FORGAVE
CONTENTA	HAPPY	PERIFERIA	PERIPHERY
CORRIENDO	RUNNING	PLUMAS	FEATHERS
CUERVO	RAVEN	POCAS	FEW
DAR (LE)	GIVE (HER)	POCIONES	POTIONS
DEMASIADAS	TOO MANY	POLVO	DUST
DESOLADO	DESOLATE	POSTE	POST
DÍA	DAY	PREGUNTÓ	ASKED
DONAR (LE)	DONATE (HER)	PRIMER	FIRST
DORMÍAN	SLEPT	PRÓXIMO	NEXT
ENOJO	ANGER	RONCA	HOARSE
ESTABA VESTIDA	WAS WEARING	RUIDO	NOISE

EXTRAÑO	WEIRD	SE ATREVIÓ	DARED
FÁCIL	EASY	SE LARGÓ A LLORAR	BROKE INTO TEARS
FELIZ	HAPPY	SE SINTIÓ	FELT
GALLETAS	COOKIES	SEÑORA	LADY
GENTE	PEOPLE	SENTIMIENTO	FEELING
GOLPEÓ LAS MANOS	CLAPPED HER HANDS	SIESTA	NAP
GOTAS	DROPS	SUERTE	LUCK
GRATIFICADA	GRATEFUL	TANTO	SO MUCH
GRUÑONES	GRUMPY	TARDE	AFTERNOON
HECHIZOS	SPELL	TOCAR EL TIMBRE	RING THE BELL
HOJEAR THROUGH	FLICK	TRABAJABA	WORKED
INSISTIÓ	INSISTED	ÚLTIMA	LAST
LAMENTAR	REGRET	VARIOS	SEVERAL
LEYENDA	LEGEND	VELA	CANDLE
LIBRO	BOOK	VIEJA	OLD
LIMPIÓ	CLEANED	VIVÍA	LIVED
LUZ	LIGHT	VOLABA	FLEW
MAL	BAD	VOZ	VOICE
MALO	BAD		

STORY 3 INCLUDES:

- ✓ A long list of false friends (faux ami), i.e. words that look transparent but they are actually very different to their equivalent in Spanish. For example, *actual, bombero, casualidad, choque, codo, colegio, contestar, desgracia, disgusto, dormitorio, embarazada, enviar, estrechar, largo, molestar, parada, pariente, ropa, sano, suceso,* among many others.
- ✓ A great almost comprehensive list of colors: purple, black, white, blue, etc.
- ✓ A great almost comprehensive list of family members: grandparents, uncles, cousin, mom, dad, sister, aunt, child.
- ✓ A list of senses.
- ✓ A list of vehicles.
- ✓ School vocabulary.
- ✓ Opposites: girl/ boy, child/old lady.
- ✓ Conjugations in the 3rd person, past.
- ✓ Nice end with a message about family and hope.

La gran noticia

El 26 de septiembre era un día como **cualquiera**. Matías se **levantaba** a las 7 de la mañana, **desayunaba** y se iba al **colegio**. Últimamente había estado llegando **tarde**, ya que su **mamá** no podía llevarlo porque estaba **embarazada** y su **papá** trabajaba en la **fábrica** desde **temprano**. Matías debía **tomar** el autobús para llegar al colegio, y en esos **viajes** se había hecho un **amigo**, Kevin.

Esa mañana, Matías **saltó** de la **cama**, tomó sus **carpetas** y salió **corriendo** a la **parada** de autobús. Allí lo estaba esperando Kevin y **estrecharon** las manos como de costumbre. Kevin estaba un poco **molesto** ese día, lo que le causaba un poco de **disgusto** a Matías, que le costaba **soportar**.

Cuando llegó el autobús, **subieron** y ya estaban **de camino** a clase. Unas pocas cuadras antes de llegar, algo desafortunado sucedió. De **casualidad**, antes de **doblar** en una **esquina**, un **camión** cruzó rápidamente y causó un **choque** con otro **auto**. Matías y Kevin **vieron** la situación desde la **ventana** del autobús. El **chofer** bajó a ayudar a los **conductores**. Por suerte, los **bomberos** estaban de paso y se aseguraron de que no hubiera sucedido una **desgracia**. Ambos conductores se encontraban **sanos**, pero Kevin y Matías ya llegaban muy tarde, pero aún podían **asistir** a clase, por lo que **bajaron** del autobús y siguieron **caminando**.

Una vez que llegaron, le explicaron lo que había sucedido a su **maestra**. La maestra **entendió** y se puso feliz de que no hubiera víctimas. Kevin y Matías fueron a **sentarse** en sus **pupitres**.

Cuando Matías abrió su **cartuchera**, vio un mensaje **escrito a mano** que decía "Hoy recibirás una **gran** noticia. La **luna** dice que será tu **mejor** amiga". Matías **comenzó** a **preguntarse** << ¿Qué tipo de noticia recibiré **hoy**?>>

A Matías lo **agobiaban** las dudas, **entonces** le preguntó a sus amigos. Kevin era un poco **escéptico**, le dijo que **quizás** solo era una **broma**. María era un poco **celosa**, le dijo que él ya tenía una mejor amiga y que era ella y nadie más. Juliana era más pragmática, le dijo que la luna no hablaba. Lucas era muy pesimista, le dijo que podría ser una mala noticia.

Matías estaba lleno de curiosidad. De camino a su casa, solo pensaba en la nota. **Miraba** a la luna e **intentaba** hablar con ella. Si bien no **escuchaba** nada, había algo que lo llenaba de **esperanzas** y le confirmaba que esa tarde se iba a poner muy feliz con la noticia.

Se había sentado al lado de una **señora** de unos 50 años que le contaba que ella tenía un **nieto** de la edad de él, que se llamaba Julián y que su mamá siempre supo que sería **varón**. Matías se dio cuenta de inmediato de cuál sería la sorpresa. Su mamá le había contado historias similares sobre el día en que él nació. La miró a la luna, cerró los **ojos**, y le dio las **gracias**. El mensaje era **cierto**, era una gran sorpresa y él ya **sabía** cuál era. **Siempre había querido** una mejor amiga con quién **compartir** su **vida**. Ya sabía quién **había dejado** ese mensaje en su cartuchera. Bajó del autobús y fue **corriendo** a su casa. Había muchos autos **estacionados** en la **calle**, y su casa era la que más **brillaba** a la luz de la luna. Se veían muchas siluetas en las cortinas de la ventana. Sentía un **clima navideño** en pleno julio.

Llegó rápido, abrazó fuerte a su papá y se encontró con sus **abuelos**, sus dos **tíos** con su **hija**, sus **primos**, y su **tía**. Todos sus **parientes** estaban allí. Y detrás de todos ellos estaba su mamá. Matías se acercó

llorando de **felicidad** y le dio un beso a su mamá. En sus brazos estaba Rocío, tan **pequeña** y frágil. Matías la **sostuvo** en sus **brazos** y le dijo:

-Tú serás mi mejor amiga. Te **enseñaré** a hacer las mejores bromas, **nos divertiremos** con las mejores **travesuras** y **te cuidaré** siempre. Pero mamá, ¿cómo sabías que sería **niña**?

-Yo siempre lo supe, **hijo**. No solo fue la luna, sino que cuando **deseas** algo con **fuerza**, **amor**, honestidad y **desinterés**, tus deseos se hacen realidad.

-Si hubiera sido niño, lo hubiera querido igual.

-Lo sé, hijo.

Todos habían traído **regalos**. Sus tíos le trajeron ropa de todos colores: **violeta, amarillo, marrón, negro, verde, celeste** y **naranja**. Sus abuelos le trajeron un **cochecito**. Su tía le trajo la **cuna** que había prometido. Pero el que había recibido el mejor regalo de todos era Matías: una **hermanita**.

VOCABULARY

(NOS) DIVERTIREMOS	(WE) WILL HAVE FUN	FUERZA	STRENGTH
(TE) CUIDARÉ	(I) WILL TAKE CARE OF (YOU)	GRACIAS	THANKS
ABUELOS	GRANPARENTS	GRAN(DE)	BIG
AGOBIABAN	OVERWHELMED	HABÍA DEJADO	HAD LEFT
AMARILLO	YELLOW	HABÍA QUERIDO	HAD WANTED
AMIGO/A	FRIEND	HERMANITA	LITTLE SISTER
AMOR	LOVE	HIJA	DAUGHTER
ASISTIR	TO BE PRESENT	HIJO	SON
AUTO	CAR	HOY	TODAY
BAJARON	GOT OFF	INTENTABA	TRIED
BOMBEROS	FIREFIGHTERS	LEVANTABA	GOT UP
BRAZOS	ARMS	LLORANDO	CRYING
BRILLABA	GLEAMED	LUNA	MOON
BROMA	JOKE	MAESTRO/A	TEACHER
CALLE	STREET	MAMÁ	MOM
CAMA	BED	MARRÓN	BROWN
CAMINANDO	WALKING	MEJOR	BEST
CAMIÓN	TRUCK	MIRABA	LOOKED
CARPETAS	FOLDERS	MOLESTO	ANNOYING
CARTUCHERA	PENCIL CASE	NARANJA	ORANGE
CELESTE	LIGHT BLUE	NAVIDEÑO	CHRISTMAS
CELOSO/A	JEALOUS	NEGRO	BLACK
CHOFER	(BUS) DRIVER	NIETO	GRANDSON
CHOQUE	CRASH	NIÑA	GIRL
CIERTO	TRUE	OJOS	EYES
CLIMA	ENVIRONMENT	PAPÁ	DAD
COCHECITO	STROLLER	PARADA	BUS STOP
COLEGIO	HIGH SCHOOL	PARIENTES	RELATIVES
COMENZÓ	STARTED	PEQUEÑA	LITTLE
COMPARTIR	SHARE	PREGUNTARSE	WONDER
CONDUCTORES	(CAR) DRIVERS	PRIMOS	COUSINS

CORRIENDO	RUNNING	PUPITRES	DESKS
CORRIENDO	RUNNING	QUIZÁS	MAYBE
CUALQUIERA	ANY	REGALOS	PRESENTS
CUNA	CRIB	SABÍA	KNEW
DE CAMINO A	ON (THEIR) WAY TO	SALTÓ	JUMPED
DESAYUNABA	HAD BREAKFAST	SANOS	HEALTHY
DESEAS	WISH	SEÑORA	LADY
DESGRACIA	MISFORTUNE	SENTARSE	SIT DOWN
DESINTERÉS	SELFLESSNESS	SIEMPRE	ALWAYS
DISGUSTO	ANNOYANCE		
DOBLAR	TURN	SOSTUVO	HELD
EMBARAZADA	PREGNANT	SUBIERON	GOT ON
ENSEÑARÉ	WILL TEACH	TARDE	LATE
ENTENDIÓ	UNDERSTOOD	TEMPRANO	EARLY
ENTONCES	SO	TÍA	AUNT
ESCÉPTICO	SKEPTICAL	TÍOS	UNCLES
ESCRITO A MANO	HANDWRITTEN	TRAVESURAS	MISCHIEFS
ESCUCHABA	LISTENED	ÚLTIMAMENTE	RECENTLY
ESPERANZAS	HOPES	VARÓN	BOY
ESQUINA	CORNER	VENTANA	WINDOW
ESTACIONADOS	PARKING	VERDE	GREEN
ESTRECHARON	SHAKED (HANDS)	VIDA	LIFE
FÁBRICA	FACTORY	VIERON	SAW
FELICIDAD	HAPINESS	VIOLETA	PURPLE

STORY 4 INCLUDES:

- ✓ Many layers of nuances and interpretations.
- ✓ Vocabulary related to argumentation
- ✓ Introduction to common idiomatic expressions: the end justifies the means, no way, to be right, to obey the law, to put into practice.
- ✓ A list of facial expressions.
- ✓ A list of face parts.
- ✓ A list of legal procedures, which may potentially be useful for an English speaker in need of learning Spanish.

Reunión I

Era un **viernes** como cualquiera. Noelia **iba** a las **reuniones** grupales con **fin** específico. **Todos** los miembros **tenían algo** en común, pero a ella no le gustaba mucho **hablar** al respecto.

Ese viernes nada parecía ser **distinto** de todas las semanas. La líder ya había comenzado con un **tema** y el **debate** ya **estaba en marcha**.

-Yo creo que todos deberían poder hacerlo, en cualquier **lugar**, cualquiera sea la **cantidad** o el **propósito**, en la forma en que lo deseen. – **Argumentaba** Liberio. Noelia ya sabía de qué estaban hablando.

-Yo opino, **sin embargo**, que **el fin justifica los medios. Si** existe una buena razón, entonces **adelante**. De lo contrario, todo en exceso hace mal, incluso el **agua**. – El **Sr. Cinc daba su opinión** siempre en un **fallido** intento por encontrar una lógica que resultaba ser una falacia ante el **afán** de **lograr** un punto neutro.

-¡**De ninguna manera**!- Ya se escuchaba la **voz** de Constancio, **un señor** mucho más **grande cuya** presencia a muchos les costaba **comprender**. Seguramente la **brecha** de **edad entre** él y Noelia **alcanzaba** los 30 años, y eso que ella no era la más **joven** del grupo. -**No podemos permitir** que este tipo de **aberraciones** afecten e infecten el orden. – El volumen y el tono lograban **aturdir** a la **mayoría**. << ¡**Acaso** sigue **creyendo** que va a tener más razón solo por **opacar** la voz del resto?>> Pensaba Noelia, que no sabía exactamente **cuál** era la **cualidad** que más le irritaba en el **viejo**.

-¿Y si **emitimos licencias**? Que requieran autorizaciones previas, certificados, y por supuesto, ¡**impuestos**!- Bureau no pudo terminar de hablar pero algo en sus gestos de alguna forma alcanzaban un clímax y sus **ojos** ya estaban **destellando** un **brillo** de lujuria, lo que a Noelia le producían **náuseas**.

-Yo puedo **firmar** autorizaciones.- Dijo el Sr. Cinc.

-¡Esto es inaceptable!- Liberio **parecía** estar muy molesto. De su **mochila** sacó una **cinta ancha** y la colocó en su **boca**. << ¿Qué hace?>> Pensaba Noelia, mientras intentaba **descifrar** sus intenciones.

Constancio solo se **reía** de la situación, con un tono **burlón** y su típica actitud **arrogante**. Mónica estaba tan monótona como siempre, como una línea recta perfecta e **inalterable**. —No creo que los impuestos sean necesarios. Liberio **tiene razón**, todos tienen **derecho** y yo me encargaré de que **se cumpla la ley**.- Dijo con **seguridad**.

-Un derecho **inconstitucional** garantizado por el capital propio que **protege** a **los ciudadanos** de su **propio** bienestar y que se discute y **se pone en práctica** mucho **más rápido** que el derecho al consentimiento y la información.- Confucio siempre presentaba sus paradojas e insistía con un sarcasmo **desmesurado**.

-Constancio tiene razón. Este tipo de **cambios** son inconcebibles. — Milo siempre **apoyaba** a Constancio sin argumentar **nada**. Noelia nunca entendió por qué.

-Constancio, Milo y Bureau son malos. Liberio, Noelia y el Sr. Cinc son buenos. — Mani era un **adolescente caprichoso** de unos 15 años que siempre decía sus conclusiones e intentaba hacer las discusiones algo más **sencillas** para que su **cerebro** pudiera procesar la información.

Pedro, por su parte, tomaba notas de lo que todos decían. Noelia **sospechaba** que, a juzgar por el movimiento de las manos, también hacía **dibujos**.

-Liberio está **agonizando**, Bureau **avala** su **moción** y promete posibilitar un **acuerdo** justo junto a su **esposa** Mónica, quien sigue sin **dialogar** con el Sr. Cinc. – Dijo Pedro, y Noelia miraba la cara de **cansancio** de Liberio, el gesto de conformidad de Bureau y Mónica y el **guiño** que esta le hizo al Sr. Cinc. <<¿Acaso Mónica le estaba siendo **infiel** a su **marido**?>> Eso le había comentado el **hermano** de Pedro **la semana pasada**.

El **otro** miembro era Cristian, hermano de Constancio. Cristian intentaba ser **agradable**, pero no **cedía** hasta que no estuviera **forzado** a aceptar su **derrota**. Su **enemigo** siempre fue el Sr. Cinc. Cristian **envidiaba** su capacidad para argumentar.

-Yo **creo**, y creo con firmeza, que esto solo implicaría una distracción para todos. –Dijo Cristian. Su hermano **menor**, Constancio, **asintió** para **demostrar** apoyo y agregó que "este no es el **camino correcto**. Es un camino **sinuoso** que nos **desvía** a la **perdición**", agregó.

Noelia solo **observaba** toda la situación. Estaba algo cansada de un **arduo** día de trabajo y últimamente **sentía** que sus **palabras** no tenían valor alguno. La **verdad** es que prefería que **terminara** la sesión, llegar a su casa, y sentarse en el **sofá** a ver su **programa** favorito, **cenar** e irse a **dormir**. Entre tanto **ruido**, lograba distraerse y pensar en lo que le había propuesto Mónica para ser feliz y **bella**. No estaba **segura** de si le convenía, pero a Pedro **le pareció** una buena idea. <<Pedro me inspira **confianza**>> Pensaba. <<Él es desinteresado y honesto>>

-¿Y tú qué piensas, Noelia? –Dijo **de pronto** la líder del grupo, quien no había dicho ninguna palabra hasta el momento, como de costumbre.

Noelia ya estaba muy distraída y no sabía exactamente qué le estaban preguntando, pero aun así **contestó**: -**Por supuesto** que no. A mi **gato** no le gusta el **atún** en **lata**.

VOCABULARY

ABERRACIONES	ABOMINATION	ESTABA EN MARCHA	SET IN MOTION
ACASO	PERHAPS	FALLIDO	FAILED
ACUERDO	AGREEMENT	FIN	END
ADELANTE	GO AHEAD	FIRMAR	SIGN
ADOLESCENTE	TEEN	FORZADO	FORCED
AFÁN	EFFORT	GATO	CAT
AGONIZANDO	AGONIZING	GRANDE	OLD
AGRADABLE	NICE	GUIÑO	WINK
AGUA	WATER	HABLAR	TALK
ALCANZABA	REACHED	HERMANO	BROTHER
ALGO	SOMETHING	IBA	WAS GOING
ANCHA	WIDE	IMPUESTOS	TAXES
APOYABA	SUPPORTED	INALTERABLE	IMPASSIVE
ARDUO	HARD	INCONSTITUCIONAL	UNCONSTITUTIONAL
ARGUMENTABA	ARGUED	INFIEL	UNFAITHFUL
ARROGANTE	ARROGANT	JOVEN	YOUNG
ASINTIÓ	NODDED	LA SEMANA PASADA	LAST WEEK
ATÚN	TUNA	LATA	CAN
ATURDIR	STUN	LE PARECIÓ	(SHE) THOUGHT
AVALA	SUPPORTED	LICENCIAS	PERMISSIONS
BELLA	BEAUTIFUL	LOGRAR	ACHIEVE
BOCA	MOUTH	LUGAR	PLACE
BRECHA	GAP	MARIDO	HUSBAND
BRILLO	BRIGHTNESS	MÁS RÁPIDO	FASTER
BURLÓN	MOCKING	MAYORÍA	MAJORITY
CAMBIOS	CHANGES	MOCHILA	BACKPACK
CAMINO	TRACK	NADA	NOTHING
CANSANCIO	FATIGUE	NÁUSEAS	SICKNESS
CANTIDAD	QUANTITY	NO PODEMOS	WE CAN NOT
CAPRICHOSO	CAPRICIOUS	OBSERVABA	WAS LOOKING
CEDÍA	YIELDED	OPACAR	OVERSHADOW
CENAR	HAVE DINER	OTRO	OTHER

CEREBRO	BRAIN	PALABRAS	WORDS
CINTA	TAPE	PARECÍA	SEEMED
CIUDADANOS	CITIZENS	PERDICIÓN	DOWNFALL
COMPRENDER	UNDERSTAND	PERMITIR	ALLOW
CONFIANZA	TRUST	POR SUPUESTO	OF COURSE
CONTESTÓ	ANSWERED	PROGRAMA	SHOW
CORRECTO	RIGHT	PROPIO	OWN
CREO	(I) BELIEVE	PROPÓSITO	PURPOSE
CREYENDO	BELIEVING	PROTEGE	PROTECTS
CUÁL	WHICH	REÍA	LAUGHED
CUALIDAD	FEATURE	REUNIONES	MEETINGS
CUYA	WHOSE	RUIDO	NOISE
DABA SU OPINIÓN	GAVE (HIS) OPINION	SE CUMPLE LA LEY	LAW IS OBEYED
DE NINGUNA MANERA	NO WAY	SE PONE EN PRÁCTICA	PUT INTO PRACTICE
DE PRONTO	SUDDENLY	SEGURA	SURE
DEMOSTRAR	SHOW	SEGURIDAD	CERTAINTY
DERECHO	(LEGAL) RIGHT	SENCILLAS	SIMPLE
DERROTA	DEFEAT	SENTÍA	FELT
DESCIFRAR	FIGURE OUT	SI	IF
DESMESURADO	EXCESSIVE	SIN EMBARGO	NEVERTHELESS
DESTELLANDO	FLASHING	SOFÁ	COUCH
DESVÍA	DEVIATE	SOSPECHABA	SUSPECTED
DIALOGAR	TALK	SR.	MR.

Spanish Short Stories

STORY 5 INCLUDES:

- ✓ Vocabulary on body parts: lips, eyes, hands, hair, ear, fingers, etc.
- ✓ Vocabulary related to clothing: shoes, T-shirt, coat, jeans, make-up, etc.

This one is narrated in the 1st person/ singular and verbs are conjugated in the present simple.

Melina

Allí está ella, con sus **labios** de color **rubí**, **parecidos** a los de una **sirena** que **recuerdo** de un **sueño**. Sus **ojos** castaños con un **leve patrón veteado verdoso** demostraban una actitud **tranquila** y **amena**.

Su **cabello lacio ondea** al ritmo de sus **pasos**. En el **cuello** lleva el **mismo collar** de ayer, y en su **muñeca** lleva la **pulsera** que su mejor amigo le regaló. También lleva puesta una **pollera** y unas **zapatillas** casuales. Su **piel** está **bronceada**, sobre todo en su **cara**. Es poco el **maquillaje** que tiene puesto, de hecho en su **remera** hay una **pequeña mancha** de **rubor**.

Siempre me gustó su **nariz**, era perfecta. En cada **oreja** lleva un **arito**, creo que son de **oro**. **Al menos** no lleva una **sortija** en la **mano**, pero sí tiene un **anillo** de **plata** en el **pulgar izquierdo**. Me pregunto sobre la historia detrás de ese anillo.

Una **campera de cuero** la cubre del **frío**, aunque desearía que fuese mi **abrazo** lo que la protegiera. La campera tiene el **cierre roto** y un **botón desteñido** que le da un estilo muy peculiar.

Ni el sol puede imitar el **resplandor** de su **sonrisa**. Con un **trasfondo primaveral**, su imagen se mimetiza con la **belleza** de las **flores** y el verde **césped**. Toda belleza parece ínfima a su alrededor.

Una **chispa** de **esperanza** se encendió en mi interior el día en que la conocí, y desde entonces el **fuego** se aviva cada vez que la veo. Sus **encantos** no se resisten y dejan a cualquiera **atónito** ante su presencia.

Es su simpatía la que termina por hipnotizarme. Porque su sonrisa **me desorienta**. Noto cómo mis **mejillas arden** al **ruborizarme** cuando ella nota que la estoy viendo. ¿Acaso sabrá lo que me produce? Claro que sí, su inocencia es solo una apariencia, un ingrediente más de su perfección.

Me inquieta conocer sobre su **pasado**, su **presente** y su **futuro**. Me intriga saber qué piensa, qué observa, qué le gusta. Ansío el día en que me **cuente** sus historias, sus **hazañas**, sus **miedos**.

De repente recuerdo que mi cabello está un poco **ondulado** hoy. El suyo **me recuerda** a la **fresca brisa** de un día de **otoño**, que nos refresca luego de tres **meses** de **calor** en el **verano**. Mi **corazón** late **a medida que** se acerca, ¿la saludo? No recuerdo haberle dicho mi **nombre jamás**. Creo que mi **mirada** se hace muy evidente.

Al tenerla **más cerca**, veo que sus **pestañas** llevan un poco de **máscara**. Mis **párpados** seguramente se ven un poco **cansados**, pues **anoche** estuve **escribiendo** un **ensayo** hasta tarde, pero **por suerte** me **puse** los **lentes de sol**. Quisiera que algún día lea alguno de mis ensayos. Me pregunto qué le gusta hacer a ella. Quizás le guste **pintar, hacer deportes, correr, mirar películas, leer libros, escuchar música**. ¿Qué música le gusta?

Siento que mi **frente** y las **palmas** de mis manos comienzan a **sudar** a medida que se acerca. **Espero** algún día poder **compartir** mis **pasatiempos** con ella. Quizás algún día me anime a hablarle, mi papá me dijo que nunca sabrá de mí si no le hablo. Quiero ir a ver una película con ella al cine o **salir a** cenar. La imagino con su **ropa** más linda, un **saco**, **zapatos de taco alto** que **estilicen** su **figura**.

-Hola, Melina. – Me dijo. ¿Cómo sabía mi nombre?

VOCABULARY

A MEDIDA QUE	AS	MÁS CERCA	CLOSER
ABRAZO	HUG	MÁSCARA	MASK
AL MENOS	AT LEAST	ME RECUERDA	REMINDS ME
AMENA	PLEASANT	MEJILLAS	CHEEKS
ANILLO	RING	MESES	MONTHS
ANOCHE	LAST NIGHT	MIEDOS	FEARS
ARDEN	BURN	MIRADA	LOOK
ARITO	LITTLE	MIRAR PELÍCULAS	WATCH MOVIES
ATÓNITO	ASTONISHED	MISMO	SAME
AYER	YESTERDAY	MUÑECA	WRIST
BELLEZA	BEAUTY	NARIZ	NOSE
BOTÓN	BUTTON	NOMBRE	NAME
BRISA	BREEZE	OJOS	EYES
BRONCEADA	TANNED	ONDEA	WAVE
CABELLO	HAIR	ONDULADO	WAVY
CALOR	HOT	OREJA	EAR
CAMPERA	JACKET	ORO	GOLD
CANSADOS	TIRED	OTOÑO	AUTUMN
CARA	FACE	PALMAS	PALMS
CÉSPED	GRASS	PARECIDOS	SIMILAR
CHISPA	SPARK	PÁRPADOS	EYELIDS
CIERRE	ZIP		
COLLAR	NECKLACE	PASADO	PAST
COMPARTIR	SHARE	PASATIEMPOS	HOBBIES
CORAZÓN	HEART	PASOS	STEPS
CORRER	RUN	PATRÓN	PATTERN
CUELLO	NECK	PEQUEÑA	LITTLE
CUENTE	TELL	PESTAÑAS	EYELASHES
CUERO	LEATHER	PIEL	SKIN
DE TACO ALTO	HIGH HEELS	PINTAR	PAINT
DESORIENTA	CONFUSES	PLATA	SILVER
DESTEÑIDO	DISCOLOURED	POLLERA	SKIRT

ENCANTOS	CHARMS	POR SUERTE	FORTUNATELY
ENSAYO	ESSAY	PRESENTE	PRESENT
ESCRIBIENDO	WRITING	PRIMAVERAL	SPRING
ESCUCHAR	LISTEN TO MUSIC	PULGAR	THUMB
ESPERANZA	HOPE	PULSERA	BRACELET
ESPERO	I HOPE	PUSE	PUT
ESTILICEN	SLENDER	RECUERDO	REMEMBER
FIGURA	FIGURE	REMERA	T-SHIRT
FLORES	FLOWERS	ROPA	CLOTHES
FRENTE	FOREHEAD	ROTO	BROKEN
FRESCA	FRESH	RUBÍ	RUBY
FRÍO	COLD	RUBOR	BLUSH
FUEGO	FIRE	RUBORIZARME	GET BLUSHED
FUTURO	FUTURE	SACO	COAT
HACER DEPORTES	DO SPORTS	SALIR A	GO OUT TO
HAZAÑAS	FEATS	SIRENA	MERMAID
ÍNFIMA	TINY	SONRISA	SMILE
IZQUIERDO	LEFT	SORTIJA	RING
JAMÁS	NEVER	SUDAR	SWEAT
LABIOS	LIPS	SUEÑO	DREAM
LACIO	STRAIGHT	TRANQUILA	QUIET
LEER LIBROS	READ BOOKS	TRASFONDO	BACKGROUND
LENTES DE SOL	SUNGLASSES	VERANO	SUMMER

STORY 6 INCLUDES:

- ✓ A long list of animals: fly, shark, ant, bee, mosquito, leopard, snake, jellyfish, dog, cow, horse, etc.
- ✓ Numbers written in letters so that you learn how to pronounce them.
- ✓ Unexpected, thoughtful end.

Reunión II

La reunión **anual** ya estaba por **comenzar**. Yo estaba **sentado** en una **silla** ubicada en el **medio** del **salón**. **Alrededor de** mí había **dieciocho lugares** más. Algunos eran **corrales**, otros eran **jaulas** e incluso había **peceras llenas** y **vacías**. Este era el **primer año** en que se realizaba la reunión.

Esperaba que me mirasen con **bronca**, ya que a ninguno le gustaba la idea de que estuviera en el medio, pero no fue así.

Pasaron 15 minutos y ya estaban todos en sus lugares para **declarar**. Cada miembro debía confesar su crimen, o mejor dicho, **cuántos** crímenes **había cometido** su **grupo** durante el año.

El primero en la lista era el Sr. Blanco.

-Sr. Blanco, representante de los **tiburones**, empezaremos por **usted**. ¿Cuántos crímenes confiesa que ha cometido su grupo durante este año?

El Sr. Blanco abrió su grande y **difamada** boca y me hizo saltar del miedo. Creo que era **el único** al que le asustaba. **Algunos** de los animales **se rieron** de mí. Él se encontraba **sumergido** en una pecera gigante.

-**Como siempre**, nuestra **cifra** no **supera** la decena. Hemos cometido un insignificante **número** de crímenes. **Nueve nada más.** – Dijo con cierto aire de **orgullo**.

-¡¿Nada más?! ¿Le parece **poco**? Usted **no está en sus cavales**, Sr. Blanco.- Le **contesté** aún **sorprendido** por lo que dijo.

-A mí me parece poco, de hecho **nosotros** solo reportamos un número total de **quince** y creemos que es ínfimo. No **merecemos** ni la mitad de la difamación que recibimos.- Dijo el **leopardo**, quien se encontraba en una jaula.

-Yo preferiría la difamación a la tortura. Somos el mártir por excelencia, y nos crucifican por tan solo **veinte muertes** al año. – Dijo el **representante** de los **caballos**, y a mí me seguía **poniendo los pelos de punta** cómo minimizaban los **hechos** y se victimizaban.

-Si sufrieras la mitad de lo que **sufrimos** nosotras, no te **llamarías** a ti mismo un mártir. Nosotras no superamos los **treinta** al año. – Dijo la representante de las vacas muy **enojada**.

Luego escuché una voz muy **fina** y **suave**, traté de encontrar de dónde provenía durante varios minutos, hasta que bajé la **cabeza** y allí estaba. También en una pecera pero sin agua se encontraba la representante de las **hormigas**. Estaba informando un total aproximado de treinta crímenes. Me pareció mucho para un **ser tan** pequeño.

-¿Cuántos crees que hemos cometido nosotros? – **Ocho** ojos estaban mirándome desde **detrás de** un **vidrio**.

-**Trescientos** al menos. – Le contesté a la **araña**.

-**Cincuenta**. – Me respondió un tanto enojada.

-Nosotras estamos muy cerca. Reportamos un total de **cincuenta y tres**. ¿Ya puedo volver a trabajar? – Preguntó **ansiosamente** la **abeja**.

-No hasta que **terminemos** la sesión.- Le contesté con firmeza.

-A ustedes no los ponen en jaulas solo para verlos. **A veces** preferiría que nos **maten más rápido**. Esta jaula no es algo inusual para mí. Nosotros cometimos **cien**.- El **tigre** hablaba con una voz tan **grave** que causaba miedo.

-Yo no **reportaría** ni uno solo. Pero estamos acusados de **ciento veinte**. La **culpa** jamás fue nuestra, solo nos movemos con libertad en

nuestro hábitat y ustedes mismos no entienden sus propios sistemas. – Se justificaba el **venado** refiriéndose a mi grupo con cierta razón.

-Nosotros contamos **ciento cincuenta**, pero no lamentamos ni uno. – Decía la **medusa** detrás del vidrio.

-**Quinientas**. Todas **lentas** y **dolorosas**. – El **elefante** tampoco parecía lamentar ninguno de sus crímenes. Al fin y al cabo, el Sr. Blanco resultó ser el más inocente. Sabía que **soltaba** a sus víctimas cuando **se enteraba** de que había mordido a uno de nosotros.

-Yo **duplico** tu cifra. Reporto **mil** en total. – La boca del **cocodrilo** era gigante. No me sorprende que haya **asesinado** a mil de los nuestros en un año.

De repente escuché una **carcajada**. Alguien en la sala se reía con **regocijo**. Era el representante de los escorpiones. No entendía qué le causaba tanta gracia.

-¿Ustedes se creen **asesinos seriales**? Nosotros matamos a **cinco mil** en total. Y yo solo me atribuyo **tres**. – Dijo.

-¿Saben qué? Nosotras causamos **diez mil** muertes. - Dijo la vinchuca, quien dejó atónito al escorpión. –Pero nos **declaramos** inocentes en todos los casos. – Siguió la **mosca**, quien estaba a su lado.

De pronto escuché un **ladrido**. Me di vuelta y noté su cara de tristeza y **decepción** al instante. Fue una sorpresa encontrarlo en la sala. El representante de los **perros** se hizo cargo de **veinticinco mil** muertes humanas. No podía dejar de pensar en el Sr. Blanco, ¿Por qué le **grité** así?

-Pero tan solo **ciento ochenta y seis** se debe a un **comportamiento** agresivo. – Terminó de decir el perro. ¿Por qué se hacía cargo de veinticinco mil **entonces**?

-Antes de dar a conocer mi número, **advierto** que no nos da **placer** matar. – Dijo la **serpiente** desde su pecera vacía. – **Cien mil**.

Mis ojos se abrieron como dos lunas llenas. No podía creer lo que me estaban diciendo. Y pensar que me sorprendían las **noticias** en la televisión.

Solo quedaba un animal más. Allí, en una **caja cubierta** de **mallas**, se encontraba en silencio la representante de su **especie**. Ella también tenía derecho de declararse inocente, lo sabía. Pensé que no quería declarar, o quizás se sentía muy **culpable**.

-**Setecientas veinticinco mil** muertes. – Dijo el mosquito.

Me costaba escuchar lo que estaba diciendo. Me **dolió** cada sílaba, cada una de las que reportó se sentía como un **puñal** en la **espalda**. Quedé paralizado ante **semejante** número.

-Pero antes de que digas otra palabra, quiero que sepas que hay alguien en esta sala que al parecer no va a reportar su número porque no tiene ninguna posibilidad de declararse inocente y seguramente desconoce el número de homicidios totales al año, incluso masivos, y ninguno por defensa propia o **supervivencia**. Seguro su grupo supera el millón, y ni siquiera sabe si considerarse animal o no, pero aquí está, **cuestionando** nuestra existencia.

Miré para todos **lados**, pero era el único que al parecer estaba **buscando** al **integrante** al que se refería. Había **setenta y cuatro** ojos mirándome fijo.

VOCABULARY

A VECES	SOMETIMES	CABALLOS	HORSES
ABEJA	BEE	CABEZA	HEAD
ADVIERTO	WARN	CAJA	BOX
ALGUNOS	SOME	CARCAJADA	LAUGH
ALREDEDOR DE	SURROUNDING	CIEN	100
AÑO	YEAR	CIEN MIL	100,000
ANSIOSAMENTE	ANXIOUSLY	CIENTO CINCUENTA	150
ANUAL	ANNUAL	CIENTO OCHENTA Y SEIS	186
ARAÑA	SPIDER	CIENTO VEINTE	120
ASESINADO	MURDERED	CIFRA	FIGURE
ASESINOS SERIALES	SERIAL KILLERS	CINCO MIL	5,000
BRONCA	RAGE	CINCUENTA	50
BUSCANDO	LOOKING FOR	CINCUENTA Y TRES	53
COCODRILO	CROCODILE	NOSOTROS	WE
COMENZAR	START	NOTICIAS	NEWS
COMO SIEMPRE	AS USUAL	NUESTRO	OUR
COMPORTAMIENTO	BEHAVIOR	NUEVE	NINE
CONTESTÉ	ANSWERED	NÚMERO	NUMBER
CUÁNTOS	HOW MANY	OCHO	8
CUBIERTA	COVERED	ORGULLO	PRIDE
CUESTIONANDO	QUESTIONING	PECERAS	FISHBOWLS
CULPA	GUILT	PERROS	DOGS
CULPABLE	GUILTY	PLACER	PLEASURE
DECEPCIÓN	DISAPPOINTMENT	POCO	LITTLE BIT
DETRÁS DE	BEHIND	PONIENDO LOS PELOS DE PUNTA	DRIVING ME CRAZY
DIECIOCHO	18	PRIMER	FIRST
DIEZ MIL	10,000	PUÑAL	DAGGER
DIFAMADA	DEFAMED	QUINCE	15
DOLIÓ	HURT	QUINIENTAS	500
DOLOROSAS	PAINFUL	JOY	

DUPLICO	DOUBLE	REPORTARÍA	WOULD REPORT
EL ÚNICO	THE ONLY ONE	REPRESENTANTE	REPRESENTATIVE
ELEFANTE	ELEPHANT	SALÓN	HALL
ENOJADA	ANGRY	SE ENTERABA	FOUND OUT
ENTONCES	THEN	SE RIERON	LAUGHED
ESPALDA	BACK	SEMEJANTE	GREAT
ESPECIE	SPECIES	SOLTABA	LET OUT
NO ESTAR EN SUS CAVALES	BE INSANE	SORPRENDIDO	SURPRISED
FINA	FINE	SUAVE	SOFT
GRAVE	SERIOUS	SUFRIMOS	SUFFER
GRITÉ	SHOUTED	SUMERGIDO	IMMERSED
LADOS	SIDES	SUPERA	BEATS
LADRIDO	BARK	SUPERVIVENCIA	SURVIVAL
LENTAS	SLOW	TAN	SO
LEOPARDO	LEOPARD	TERMINEMOS	FINISH
LLAMARÍAS	WOULD CALL	TIBURONES	SHARKS
LLENAS	FULL	TIGRE	TIGER
LUGARES	PLACES	TREINTA	30
MÁS RÁPIDO	FASTER	TRES	3
MATEN	KILL	TRESCIENTOS	300
MEDUSA	JELLYFISH	USTED	YOU (FORMAL)
MIL	1,000	VACÍAS	EMPTY
MOSCA	FLY	VEINTE	20
MUERTES	DEATHS	VEINTICINCO MIL	25,000
NADA MÁS	JUST	VENADO	DEER
		VIDRIO	GLASS

STORY 7 INCLUDES:

- ✓ Forest places: meadows, paths, woods.
- ✓ Animals and plants in the woods: squirrel, trees, eagle, snake, spider, top of the tree, hummingbird, branch, arnica, leaves, butterfly, owl, etc.
- ✓ Technological devices: camera, cellphone, record, GPS.

La mejor cámara de todas

Mariela y Marcelo querían ir al **mar**, pero la **playa** quedaba muy **lejos**, así que decidieron **aventurarse** en el **bosque**. El bosque estaba **lleno** de árboles verdes y **frondosos**. Llevaron una cámara para **sacar** fotos a los animalitos que encontraran. No sabían con seguridad hacia **dónde** iban, pero estaban muy entusiasmados.

Lo primero que vieron fue una **lechuza posada** sobre una **rama** en la **copa** de un **pino**. La lechuza los miró directamente a los ojos y **giró** su cabeza **casi** completamente. Los **niños** quisieron tomar una foto de ella pero la asustaron con el **sonido** de la cámara y la lechuza **se voló** inmediatamente. La vieron alejarse entre las **nubes**.

Mientras observaban cómo la lechuza **huía**, vieron un águila volar hacia ellos. No pensaron que fuera a atacarlos, pero el águila voló directo hacia ellos justo cuando Marcelo iba a tomar una foto de ella. Al águila le atrajo el brillo del objeto y se lo **arrebató** de las manos.

-¡No! – **Gritó** Marcelo. Ya no iban a poder sacar fotos.

-¡Un momento! – Mariela se dio cuenta de que aún tenían sus **celulares** para tomar fotos.

Siguieron caminando y se encontraron con una **planta carnívora**. Les pareció fascinante ver su interior. El brillo de su saliva daba miedo, y parecía que tenía **dientes**. << ¿Son dientes?>> pensó Mariela, **mas** no preguntó por si Marcelo luego **se burlaba** de ella por no saberlo. También intentaron **grabar** con sus **teléfonos** cómo se cerraba cuando **lanzaban** algo en su interior, pero mientras los buscaban, una mosca se posó en la planta y esta se cerró lentamente.

-¿Por qué no se voló la mosca? - Preguntó Marcelo.

Mariela se rio y se burló de él, pero ella también desconocía la razón.

-Lo voy a buscar en Internet. - dijo el niño. Sin embargo, no había buena **señal** como para tener Internet en el bosque.

Siguieron su **camino**, una **ardilla** los había estado observando desde el **comienzo**, pero no habían podido verla. A unos pasos de donde estaban, encontraron un **sendero** que los llevó hasta un **campo de flores** muy bello. Vieron todo tipo de criaturas: **colibríes**, **mariposas** y **langostas** saltando y volando de un lado al otro. Las flores que había eran violetas, amarillas, naranjas y **rosas**.

El celular de Mariela comenzó a sonar. Todos los animalitos e insectos se volaron inmediatamente. Estaba **llamando** su mamá, quien muy **preocupada** preguntaba dónde estaban. Mariela le pidió a su mamá que se **calmara** y le **prometió** que le **enviaría** su **ubicación geográfica**. Le dijo que estaban bien y que ya **volverían a casa**. Los dos comenzaron a buscar el camino de vuelta a casa con el GPS del celular.

Marcelo estaba tan concentrado en el mapa que pisó la cola de una serpiente. Esta se dio vuelta y se defendió ante el **presunto** ataque. Marcelo comenzó a **llorar** desesperadamente. Mariela, por su parte, estaba **aterrada**, así que sacó su celular y buscó en internet qué debía hacer. Hubiera deseado que su papá o su mamá estuvieran ahí.

Encontró en el **buscador** que primero debía determinar si la **mordedura** era de una serpiente **venenosa** o no. A juzgar por la forma **redonda** de la mordedura, ella aseguró que no se trataba de una serpiente venenosa. El color de la serpiente era verdoso, similar al de las **hojas**, e Internet le confirmaba que era inofensiva. Aun así, a Marcelo le dolía y gritaba del dolor.

Mariela recordó una flor llamada árnica que vio en el **prado**.

Recordó la imagen de su abuelo en una tarde de primavera en la que le contaba que una vez esa flor calmó el dolor que le había causado una **caída**. Entonces, le **pidió** a Marcelo que **se quedara quieto** y le dijo que ya volvía.

Mariela se fue corriendo a buscar la planta. Le encontró entre las **lavandas**. Cuando se **agachó** a **arrancar** una flor, se encontró con una araña gigante. Pensó que era una **tarántula**. Nunca había visto una.

Un poco **distraída** de lo que había ido a hacer y con el celular aún en su mano, quiso sacarle una foto pero antes de encontrar la aplicación, el grito de Marcelo se escuchó pidiendo ayuda. Mariela volvió corriendo con la planta medicinal y la puso rápidamente sobre la zona de la mordedura.

-Ya está. -Le dijo.

Esperaron unos minutos y el dolor pasó. Cuando volvieron a su casa, la madre de Mariela los estaba **esperando**. Los niños le contaron sobre su aventura, pero estaban **tristes** porque no había ninguna foto y porque quizás **lastimaron** a una **pobre** serpiente **en el camino**, un águila se había llevado su cámara, no vieron cómo la flor se comía a la mosca, y eso que ni siquiera sabían que había una ardilla que probablemente quería ser su amiga.

-Niños, estos **aparatos** son solo para que los usen cuando lo necesiten, como para encontrar el camino a casa o para que me llamen cuando sea necesario. No dejen que les impida apreciar momentos **inolvidables** en sus vidas. Hay una cámara, la de mejor calidad, es **gratis** y tiene memoria casi infinita. No solo **guarda** imágenes y graba videos, también guarda **tesoros** y es la más bella de todas. Cada uno tiene un diseño distinto, **irrepetible**, único.

VOCABULARY

AGACHÓ	BENT	LECHUZA	OWL
ÁGUILA	EAGLE	LEJOS	FAR
APARATOS	DEVICES	LLAMANDO	CALLING
ÁRBOLES	TREES	LLENO	PLENTY
ARDILLA	SQUIRREL	LLORAR	CRY
ÁRNICA	ARNICA	MAR	SEA
ARRANCAR	TEAR	MARIPOSAS	BUTTERFLIES
ARREBATÓ	RAPTURE	MAS	BUT
ATERRADA	TERRIFIED	MORDEDURA	BITE
AVENTURARSE	VENTURE	NIÑOS	CHILDREN
BOSQUE	WOODS	NUBES	CLOUDS
BUSCADOR	SEARCH ENGINE	PIDIÓ	ASKED
CAÍDA	FALL	PINO	PINE TREE
CALMARA	CALM DOWN	PLANTA CARNÍVORA	CARNIVOROUS PLANT
CAMINO	PATH	PLAYA	BEACH
CAMPO DE FLORES	MEADOW	POBRE	POOR
CASI	ALMOST	POSADA	LAYING
CELULARES	CELL PHONES	PRADO	MEADOW
COLIBRÍES	HUMMINGBIRDS	PREOCUPADA	WORRIED
COMIENZO	BEGGINING	PRESUNTO	PRESUMED
COPA	TOP	PROMETIÓ	PROMISED
DIENTES	TEETH	RAMA	BRANCH
DISTRAÍDA	DISTRACTED	REDONDA	ROUNDED
DÓNDE	WHERE	ROSAS	PINK
EN EL CAMINO	ON THEIR WAY	SACAR	TAKE OUT
ENVIARÍA	WOULD SEND	SE BURLABA	WAS TEASING
ESPERANDO	WAITING	SE QUEDARA QUIETO	STAY STILL
FRONDOSOS	LEAFY	SE VOLÓ	FLEW OFF
GIRÓ	TURN	SEÑAL	SIGNAL
GRABAR	RECORD	SENDERO	PATH

La mejor cámara de todas

GRATIS	FREE	SONIDO	SOUND
GRITÓ	SHOUTED	TARÁNTULA	TARANTULA
GUARDA	SAVES	TELÉFONOS	PHONES
HOJAS	LEAVES	TESOROS	TREASURES
INOLVIDABLES	UNFORGETTABLE	TRISTES	SAD
IRREPETIBLE	UNREPEATABLE	UBICACIÓN	LOCATION
LANGOSTAS	LOBSTERS	ÚNICO	UNIQUE
LANZABAN	WERE THREWING	VENENOSA	POISONOUS
LASTIMARON	HURT	VOLVERÍAN A CASA	WOULD COME BACK HOME
LAVANDAS	LAVENDERS		

49

STORY 8 INCLUDES:

- ✓ Metaphysical and Quantitative Physics
- ✓ Climate vocabulary
- ✓ Conjugations in conditional tenses for hypothetical situations
- ✓ Happy ending.

Casualidad y Causalidad

La **lluvia** nunca había sido un **impedimento** para que Patricio fuera a clase e incluso realizara sus actividades semanales. A Patricio **le divertía** ir a la **escuela, juntarse con** sus amigos a jugar al **fútbol, sacar a caminar a su perro,** y **salir a cenar** con su familia.

Cuando Patricio se despertó, observó por la **ventana** las **gotas** de lluvia **deslizarse** por el **vidrio** hasta la **rendija**. A él no le molestaba el agua fría que caía del **cielo**, él decía ser como una planta: "Me gusta tomar sol, pero también necesito de la lluvia".

Le fascinaba mirar hacia arriba, y de hecho, disfrutaba escuchar los ruidos de los **truenos** y ver los **rayos** entre las **nubes**. El cielo estaba muy **gris**, y no había **rastros** de sol, que no salía hace tres días, y el **clima** aún seguía bastante frío.

Su papá lo **arropó**, le preparó el desayuno, la **mochila**, y le dijo que lo llevaría al **colegio**, pero a Patricio no le gustó la idea. –Quiero ir caminando. – Le dijo a su papá.

Su papá no comprendía muy bien por qué Patricio querría ir caminando **bajo** la lluvia y le advirtió que podría **enfermarse**, aun cuando la escuela se encontraba a **menos** de 3 cuadras de su casa. Pero Patricio insistió y le dijo que iría corriendo con un **paraguas**. Su papá le dijo que podría ser **peligroso** y que a él no le molestaba llevarlo a la **puerta** de la escuela. Patricio **le rogó** a su papá, hasta que este **cedió**.

Patricio tomó el paraguas, se puso las **botas** y salió de su casa corriendo. Disfrutaba de **saltar** en los **charcos**, ver los **sapos** saltar junto a él, ver las calles **limpias** y **mojadas**, sentir la lluvia en su cara y ver el **humito** que salía de su **boca** por el frío que hacía.

En uno de los charcos, Patricio **pisó** una **piedra** que no vio y **se resbaló**. **Se golpeó** con el paraguas y **se desmayó** por unos minutos. Se levantó mojado y un poco confundido. No se largó a llorar, se acomodó la ropa, y vio que su paraguas estaba **arruinado**. Ahora debía mojarse para llegar a la escuela, pero **esta vez** decidió no correr.

Al llegar a una **esquina**, se dio cuenta de que no recordaba la casa que veía al frente. Patricio pensó que quizás estaba **equivocado** de camino. Se dio vuelta e intentó encontrar su camino a la escuela. Llegó a la esquina siguiente y tampoco la recordaba. Algo extraño estaba pasando.

Se quedó allí parado, **mojándose** y pensando qué hacer. Observando las calles, nota algo muy raro casi en frente de él, **al lado de** un árbol. Era una **especie** de figura humana que se formaba con la caída de las gotas de lluvia, pero **no había nadie allí**, o al menos eso creía. Podía divisar una silueta perfecta de un hombre, o una mujer. La persona parecía ser un poco más alta que él.

El niño **comenzó a** sentir miedo. Un **escalofrío** recorrió su **espalda**. ¿Por qué no podía ver a la persona? Patricio no podía pensar en nada, solo sentía miedo. La figura se acercaba. ¿Acaso estaba en otra dimensión? Quizás estaba en un espacio entre dos dimensiones distintas, y podía ver una parte de cada una. Patricio era muy **inteligente** para su edad. No era muy bueno para las matemáticas, pero todas sus **maestras** le decían que era muy inteligente y que no se dejara convencer por quienes le quisieran hacer creer lo contrario.

Al pensar en las cosas que las maestras le decían, Patricio tomó fuerzas y valor para intentar **descifrar** qué estaba pasando. La figura no dejaba de acercarse, y Patricio, por más inteligente que fuera, no dejaba de tener miedo. Sentía cómo su **corazón** latía cada vez más fuerte, sus oídos comenzaban a **zumbar**, y su **vista** panorámica comenzó a cerrarse como una **pantalla** de televisor que tarda en apagarse. << ¡Oh, no! Aquí viene de vuelta. >>

Patricio volvió a desmayarse, pero la figura lo sostuvo a tiempo y lo salvó de otra **caída**.

-Hola. – Un hombre de unos cuarenta años lo estaba observando. Patricio **yacía** en una cama y estaba asustado. Se largó a llorar. Quería ver a su papá.

-Tranquilo, ¿sabes el **número de teléfono** de tu papá? – Le preguntó el señor.

Patricio le **dictó** el teléfono al señor y este llamó a su papá. Patricio miraba a su alrededor y solo veía **paredes** blancas, ninguna **luz** encendida, ni la del televisor, esa que indica si está **enchufado** o no.

-Tu papá está en camino. – Le dijo con calma el **desconocido**.

-¿Estamos en un universo alternativo? – Preguntó Patricio.

El señor se rio al instante y le contestó: -Eso depende. Es relativo. Vos y yo estamos en el mismo, **eso es seguro**.

-¿Y este es el universo de siempre?

-Claro que sí. Los universos son distintos y todos son los de siempre. Por ejemplo, alguien en otro universo **está leyendo** nuestra historia, y ambos universos coexisten.

El señor decía palabras que a Patricio le costaba comprender. Pero estaba muy interesado en aprender lo que este hombre estaba diciendo.

Hoy en día, Patricio es uno de los más reconocidos astrólogos de la NASA, y según él, este fue el "**aleteo** de la **mariposa**" de su vida profesional.

¿Qué habría pasado si Patricio no hubiera insistido en correr a la puerta de la escuela? ¿Y si esa **roca** no lo hubiera hecho **tropezar**? ¿Y si este hombre no lo hubiese encontrado? ¿Y si este hombre no le hubiera respondido después de **reírse**? ¿Y si no hubiera seguido preguntando? Seguramente estaríamos hablando de otro universo, y quizás Patricio también habría sido feliz como lo es hoy en este.

VOCABULARY

MÁS ALTA QUE	TALLER THAN	LE ROGÓ	BEGGED
AL LADO DE	NEXT TO	LIMPIAS	CLEAN
ALETEO	FLUTTER	LLUVIA	RAIN
ALLÍ	THERE	LUZ	LIGHT
ARROPÓ	WRAPPED	MAESTRAS	TEACHERS
ARRUINADO	RUINED	MARIPOSA	BUTTERFLY
BAJO	UNDER	MENOS	LESS
BOCA	MOUTH	MOCHILA	BACKPACK
BOTAS	BOOTS	MOJADAS	WET
CAÍDA	DROP	MOJÁNDOSE	GETTING WET
CEDIÓ	YIELDED	NADIE	NO ONE
CHARCOS	PUDDLES	NO HABÍA	THERE WAS NOT
CIELO	SKY	NUBES	CLOUDS
CLIMA	WEATHER	NÚMERO DE TELÉFONO	PHONE NUMBER
COLEGIO	SCHOOL	PANTALLA	SCREEN
COMENZÓ A	BEGAN TO	PARAGUAS	UMBRELLA
CORAZÓN	HEART	PAREDES	WALLS
DESCIFRAR	FIGURE OUT	PELIGROSO	DANGEROUS
DESCONOCIDO	UNKNOWN	PIEDRA	STONE
DESLIZARSE	SLIDE	PISÓ	STEPPED ON
DICTÓ	DICTATED	PUERTA	DOOR
ENCHUFADO	PLUGGED IN	RASTROS	TRACES
ENFERMARSE	GET SICK	RAYOS	RAYS
EQUIVOCADO	WRONG	REÍRSE	LAUGH
ESCALOFRÍO	CHILL	RENDIJA	SLIT
ESCUELA	SCHOOL	ROCA	ROCK
ESO ES SEGURO	THAT'S FOR SURE	SACAR A CAMINAR A SU PERRO	TAKE HIS DOG FOR A WALK
ESPALDA	BACK	SALIR A CENAR	GO OUT FOR DINNER
ESPECIE	KIND	SALTAR	HOP
ESQUINA	CORNER	SAPOS	FROGS

Casualidad y Causalidad

ESTÁ LEYENDO	IS READING	SE DESMAYÓ	PASSED OUT
ESTA VEZ	THIS TIME	SE GOLPEÓ	HIT HIMSELF
FÚTBOL	SOCCER	SE RESBALÓ	SLIPPED
GOTAS	DROPS	TROPEZAR	TRIP ON
GRIS	GRAY	TRUENOS	THUNDER
HUMITO	SMOKE	VENTANA	WINDOW
INTELIGENTE	INTELLIGENT	VIDRIO	GLASS
JUNTARSE CON	HANG OUT WITH	VISTA	VIEW
LE DIVERTÍA	AMUSED	YACÍA	LAYING
		ZUMBAR	BUZZ

STORY 9 INCLUDES:

- ✓ Surrealistic traits.
- ✓ Clear-cut thematic fields related to vegetables & fruits: lettuce, potato, onion, beet, carrot, broccoli, cucumber, etc.

Any learner of a new language will find these words extremely useful. Food is part of our everyday life and words are very often completely different in the other language.

La huerta

El **martes** fue un día muy peculiar en la **ciudad** de La Huerta. Tenía que ir a la **facultad** y subirme al **colectivo** como todos los días. Apenas me subí, el chofer del colectivo, un zapallo, estaba **de muy mal humor** y me dijo que me **apurara** a subir o sino me iba a tener que bajar. Los zapallos siempre estaban de mal humor. La verdad es que nunca **me agradaron**, y la última vez que había denunciado un abuso de autoridad similar, nada le dijeron al **empleado** y continuó trabajando como si nada. Sus **gremios** controlan el sistema laboral y judicial. Son una **especie** de criminales **encubiertos**.

En el colectivo me senté al lado de una **cebolla**. Era de esas cebollas que creían que no debía haber ningún **verdulero**, ni **cajones**, ni tampoco que debieran asignarnos precios o si quiera ponernos **rótulos** para identificarnos. Me solían caer muy bien las cebollas, excepto por el olor que emanaban cuando se sacaban las **capas** interminables de ropa.

Detrás de mí había subido una **zanahoria** de unos 30 años. Parecía una mujer muy inteligente y **apuesta**. Estaba vestida con un pantalón de jean, una remera, un par de zapatillas, y llevaba un par de **anteojos**. Los asientos ya estaban todos **ocupados**, así que muchos debían **viajar parados**.

Había un **ruido** que me molestaba mucho que se escuchaba al **fondo** del bus: voces entre gritos de cosas que me costaba comprender. ¿Estaba escuchando mal o solo eran palabras de este año? Había muchas palabras en otros **idiomas** e incluso algunas en español que nunca antes había escuchado. Me di vuelta y observé a este grupo de **lechugas** que gritaba bastante **fuerte** mientras se comunicaban, había una lechuga **mantecosa**, una **criolla** y una **romana**, y si bien eran diferentes, todas tenían algo en común: su color verde.

Pensando en verde, veo que sube al colectivo un **pepino**. Al principio pensé que solo era un pepino **común y corriente**, pero era menos que eso. El pepino se acercó a la zanahoria, pasó por detrás, y comenzó a decirle algo al **oído** sin dejar a nadie escuchar. Lo bueno es que desde niño aprendí a **leer** los labios sin tener que escuchar porque mis padres no me dejaban ver televisión a la noche entonces debía ver sin escuchar para que no **se enteraran**. "Doy", "**tengo**" y "**te voy a**" eran solo algunas de las cosas que entendí, que puedo **relatar** aquí.

El zapallo que **conducía** parecía estar de muy mal humor, porque cruzamos a un **pimiento** rojo, pero no se **detuvo** para **llevarlo**. Me pareció algo muy cruel y **desprevenido**.

De repente sentí **olor** a **comida**. Más específicamente, era el **aroma** de un **pancho** que se estaba comiendo la **papa** de atrás. Tenía muchas **raíces** que podría jurar que parecía que se arraigaban al **asiento**. La papa estaba vestida con un jogging y una remera **deportiva**. Creo que es la que iba al gimnasio en bus para correr en la **cinta eléctrica**.

Dos **paradas** después, subió una **remolacha** que me parecía muy atractiva. El **repollo** al parecer no quería que la remolacha **se le acercara** porque **tenía miedo** de que esta **manchara** su **piel** blanca.

Durante el viaje subieron un **espárrago**, una **espinaca** y una **acelga** a pedir **dinero**, vender productos **baratos** o incluso repartir tarjetas que rogaban actos de caridad. Decidí no **prestar mucha atención** y mirar por la **ventana**. Un **calabacín** iba en su **auto descapotable de alta gama**, con el **pelo** lleno de gel, en un **traje** de color beige y una **corbata rayada**. Iba con su **pareja**, un **brócoli musculoso**, y escuchaban música sin **letra**.

Estaba un poco distraído en la **escena** cuando volvió a aparecer un pimiento rojo al **cruzar** la **calle** y el bus debió **frenar de golpe**. En esta parada subieron dos **frutillas**, de unos 15 o 16 años, con **polleras cortas**, **musculosas** que dejaban ver su **ombligo** y unos celulares que parecían más **pesados** que su cabeza. Me pregunté si no **tenían frío**.

Mi parada estaba cerca, así que **me levanté** para bajar **pronto**.

No puedo seguir **quejándome**. Todas y **cada una** de estas **verduras, frutas, hortalizas** y **tubérculos** son necesarias en nuestra dieta para **sobrevivir**, y si decides **morir** por no comerlas, ellas se **alimentarán** de tu **cuerpo** y **se harán** más fuertes. **Deja** tu **semilla** donde puedas, **cultiva** con amor, ten la **esperanza** de que **germinará** y algún día será una bella planta, con su propia **forma**, su propio **tamaño**, su propio color, y su propia vida. Claro que siempre tendrán algo en común, todas **vienen** del mismo **modo** y del mismo modo se van, pero lo que es más importante es que siempre tendrá una parte tuya por la que siempre sentirás **orgullo**.

VOCABULARY

		LECHUGAS	LETTUCE
ACELGA	CHARD	LEER	READ
ALIMENTARÁN	(THEY) WILL FEED	LETRA	LYRICS
ANTEOJOS	GLASSES	LLEVARLO	TAKE IT
APUESTA	BET	MANCHARA	GETS SPOTTED
APURARA	RUSH	MANTECOSA	BUTTERHEAD
ASIENTO	SEAT	MARTES	TUESDAY
AUTO	CAR	ME AGRADARON	LIKED THEM
BARATOS	CHEAP	ME LEVANTÉ	I GOT UP
BRÓCOLI	BROCCOLI	MODO	WAY
CADA UNA	EACH ONE	MORIR	DIE
CAJONES	DRAWERS	MUSCULOSAS	MUSCLE VEST
CALABACÍN	ZUCCHINI	MUSCULOSO	MUSCULAR
CALLE	STREET	OCUPADOS	OCCUPIED
CAPAS	LAYERS	OÍDO	EAR
CEBOLLA	ONION	OLOR	SMELL
CINTA ELÉCTRICA	TREADMILL	OMBLIGO	BELLY BUTTON
CIUDAD	CITY	ORGULLO	PRIDE
COLECTIVO	BUS	PANCHO	HOT DOG
COMIDA	FOOD	PAPA	POTATO
COMÚN Y CORRIENTE	ORDINARY	PARADAS	BUS STOPS
CONDUCÍA	WAS DRIVING	PARADOS	STANDING
CORBATA	TIE	PAREJA	PARTNER
CORTAS	SHORT	PELO	HAIR
CRIOLLA	GREEN LEAF	PEPINO	CUCUMBER
CRUZAR	CROSS	PESADOS	HEAVY
CUERPO	BODY	PIEL	SKIN
CULTIVA	CULTIVATE	PIMIENTO	PEPPER
DE ALTA GAMA	FANCY	POLLERAS	SKIRTS
DE GOLPE	SUDDENLY	PRESTAR MUCHA ATENCIÓN	PAY A LOT OF ATTENTION

La huerta

DE MUY MAL HUMOR	MOODY	PRONTO	SOON
DEJA	LET	QUEJÁNDOME	COMPLAINING
DEPORTIVA	SPORT	RAÍCES	ROOTS
DESCAPOTABLE	CONVERTIBLE	RAYADA	STRIPED
DESPREVENIDO	INCAUTIOUS	RELATAR	TELL
DETUVO	STOPPED	REMOLACHA	BEET
DINERO	MONEY	REPOLLO	CABBAGE
DOY	GIVE	ROMANA	ROMAN
EMPLEADO	EMPLOYEE	RÓTULOS	LABELS
ENCUBIERTOS	COVERT	RUIDO	NOISE
ESCENA	SCENE	SE ENTERARAN	THEY FOUND OUT
ESPÁRRAGO	ASPARAGUS	SE HARÁN	WILL BECOME
ESPECIE	KIND	SE LE ACERCARA	GET CLOSER
ESPERANZA	HOPE	SEMILLA	SEED
ESPINACA	SPINACH	SOBREVIVIR	TO SURVIVE
FACULTAD	COLLEGE	TAMAÑO	SIZE
FONDO	BACK	TE VOY A	GOING TO
FORMA	SHAPE	TENGO	HAVE
FRENAR	PUSH THE BRAKES	TENÍA MIEDO	WAS AFRAID
FRUTAS	FRUITS	TENÍAN FRÍO	THEY WERE COLD
FRUTILLAS	STRAWBERRIES	TRAJE	SUIT
FUERTE	STRONG	TUBÉRCULOS	TUBERS
GERMINARÁ	WILL GERMINATE	VENTANA	WINDOW
GREMIOS	GUILDS	VERDULERO	GREENGROCER
HORTALIZAS	VEGETABLES	VERDURAS	VEGETABLES
HUERTA	ORCHARD	VIAJAR	TRAVEL
IDIOMAS	LANGUAGES	VIENEN	COME
		ZANAHORIA	CARROT

STORY 10 INCLUDES:

- ✓ Expressionistic traits
- ✓ Clear-cut thematic fields related to travelling: transports, landscapes.
- ✓ Motivation to read and discover new worlds.

Any learner of a new language will find these words extremely useful since the main purpose of learning another language tends to be related to travel.

La biblioteca

Un día, Roberto estaba en el colegio y pasó por un lugar que nunca había visto antes. Era un lugar que parecía muy **ordenado** y **silencioso**. Roberto decidió entrar. Era la biblioteca, un lugar del que ya le habían hablado pero como no podía pronunciar bien la palabra "biblioteca", nunca se había animado a entrar. Tomó un **pasillo** a su **izquierda**, y allí encontró una **estantería** con muchos libros. Eran todos muy bellos y estaban muy bien **cuidados**. Decidió tomar uno que veía muy **gordo**.

"Diccionario básico de la lengua **castellana**" decía el título. ¿Qué es un diccionario? Otra palabra que le costaba pronunciar. Roberto lo abrió en una **página** al azar, y se encontró con una lista de palabras que parecía **interminable**. Todas las palabras tenían algo escrito después de unos **dos puntos**.

"Tren", leyó **en voz alta** la palabra que encontró y de repente todo a su alrededor se transformó. Podía escuchar el sonido de una **locomotora** desde lejos, un tren que venía sobre las **vías**. Entre las **montañas** y las **nubes**. Él estaba parado en un **risco**, cuando el tren llegó lanzando **humo** blanco por los aires. La imagen desapareció en unos segundos. <<¿Es un **libro** mágico?>> Pensó.

Roberto se puso muy curioso y abrió el libro en otra página, una de las primeras. "**Avión**". De repente se encuentra sentado en una **butaca**, una **azafata** se acerca a decirle que se ponga el **cinturón** porque iba a haber **turbulencias**. El avión se estaba moviendo y había gente respirando de una **bolsa**.

La imagen comenzó a **disolverse** como cuando la **tiza** cae del **pizarrón** luego de borrar lo que había escrito. Subió el **dedo** un poco más arriba sobre las **hojas** del diccionario y se encontró con la palabra "**auto**". ¡Claro que sabía lo que era un auto! Pero antes de que lo pensara, un conductor lo estaba llevando a su casa, hasta que se escuchó un gran estruendo que venía desde detrás del auto, y este comenzó a **desbalancearse** y **perder** el **equilibrio**. El conductor se bajó del auto algo molesto. Roberto decide **seguirlo**. Alrededor de él solo había **campos desérticos**, suelo árido, un sol muy fuerte, y el **polvo** volaba con el viento. La **ruta** parecía muy **sinuosa** y la **pintura** era apenas visible. El conductor abrió el **capó** del auto. Revisó el **aceite**, el agua y el **motor**. Pero todo parecía estar bien. Roberto vio cómo se caía el auto hacia un **costado**, era porque se había pinchado una **goma**. El conductor dijo que tenía un **repuesto** en el **baúl**, así que sacó el **gato** y comenzó a levantar el auto. A Roberto siempre le habían gustado los autos. Pero de repente comenzó a **diluirse** la imagen.

Siguió un par de hojas más adelante y leyó "**crucero**". Lo primero que sintió fue el calor, escuchó el bello sonido de unos **delfines** que saltaban debajo de él. Él se sentía un poco **mareado**. Estaba a bordo de un **barco**, se dio vuelta y había una **piscina** dentro del barco. Se observaban varias **islas** a su alrededor, con **palmeras** y algunas incluso tenían **volcanes**.

La imagen empezó a desaparecer **nuevamente**. Roberto buscó rápidamente otra palabra y encontró "**río**". En seguida comenzó a sentir el agua en sus pies, no era muy **profundo** y podía ver sus pies sobre la **arena** y los peces **nadar** entre sus **dedos**. Había una playa con muchas **sombrillas** y gente **tomando sol**.

La imagen comenzó a desaparecer cuando sonó el **timbre** que indicaba que el **recreo** había terminado. Roberto le preguntó a una **señora** si podía llevarse ese libro a su casa. La señora le dijo muy amablemente que sí, le pidió su nombre y Roberto se llevó el libro a casa. Desde ese día, Roberto va todas las **semanas** a buscar un nuevo libro que lo lleve a otras situaciones, otras realidades, e incluso a descubrir otros **mundos**. Todos los libros que se ha llevado para leer en su casa le permitían **viajar** y conocer otra realidad durante unos instantes. Nadie le creía cuando él contaba lo que le pasaba, pero no le importaba porque él siempre podía ver todo lo que el libro le contaba.

VOCABULARY

ACEITE	OIL	LOCOMOTORA	LOCOMOTIVE
ARENA	SAND	MAREADO	DIZZY
ÁRIDO	ARID	MONTAÑAS	MOUNTAINS
AUTO	CAR	MOTOR	ENGINE
AVIÓN	AIRPLANE	MUNDOS	WORLDS
AZAFATA	STEWARDESS	NADAR	SWIM
BARCO	SHIP	NUBES	CLOUDS
BAÚL	TRUNK	NUEVAMENTE	AGAIN
BOLSA	BAG	ORDENADO	ORGANIZED
BUTACA	SEAT	PÁGINA	PAGE
CAMPOS	FIELDS	PALMERAS	PALMS
CAPÓ	HOOD	PASILLO	HALLWAY
CASTELLANA	SPANISH	PERDER	LOSE
CINTURÓN	BELT	PINTURA	PAINTING
COSTADO	SIDE	PISCINA	POOL
CRUCERO	CRUISE	PIZARRÓN	BLACKBOARD
DEDO	FINGER	POLVO	DUST
DEDOS	TOES	PROFUNDO	DEEP
DELFINES	DOLPHINS	RECREO	PLAYTIME
DESBALANCEARSE	UNBALANCE	REPUESTO	REPLACEMENT
DESÉRTICOS	DESERT-LIKE	RÍO	RIVER
DILUIRSE	DILUTE	RISCO	CRAG
DISOLVERSE	DISSOLVE	RUTA	ROUTE
DOS PUNTOS	COLON	SEGUIRLO	FOLLOW (HIM)
EN VOZ ALTA	ALOUD	SEMANAS	WEEKS
EQUILIBRIO	BALANCE	SEÑORA	LADY
ESTANTERÍA	SHELVING	SILENCIOSO	QUIET
GATO	JACK	SINUOSA	SINUOUS
GOMA	RUBBER	SOMBRILLAS	UMBRELLAS
GORDO	FAT	TIMBRE	BELL
HOJAS	SHEETS	TIZA	CHALK

La biblioteca

HUMO	SMOKE	TOMANDO SOL	SUNBATHING
INTERMINABLE	ENDLESS	TURBULENCIAS	TURBULENCE
ISLAS	ISLANDS	VIAJAR	TRAVEL
IZQUIERDA	LEFT	VÍAS	ROADS
LIBRO	BOOK	VOLCANES	VOLCANOES

Part 2

Introduction

The content of this book is specifically oriented to English speakers who are in the process of learning Spanish as a second language. People of all ages are invited to read or listen this amazingly thrilling stories.

Each of the stories include a vocabulary list at the end with the Spanish words that have been previously highlighted in bold. The grammatical structures that you will find are easy to understand: all complexities are avoided in this book, and also repetition of words is on purpose, this will help the reader store the new terms while reading more and more fluently every time. The events narrated in each story follow a chronological order so that the logic chain of the facts is not interrupted and makes it easier to follow.

The main purpose of this book is to help you in the process of acquiring vocabulary and learning grammatical structures. The vocabulary lists include all the entries translated by a professional Translator. Remember that all the words have been translated according to the context in which they appear. For instance, *querer* will not be equally translated in "*Quiero una manzana*" (I want an apple,) "*Te quiero*" (I love you,) or even "*Quisiera volar*" (I would like to fly.)

The lexicon that you can consciously extract from each story will be ultimately stored in your long-term memory. The aim of repeating the words is to put the same concepts in relation to other concepts of the same kind, within the same word families and thematic fields, with different functions in other sentences or other sequence of events, different roles, and different meanings. This will help you in the process of relating the word to the concept in your mind, similar to when you recall the concepts gained through different experiences when hearing words in your mother tongue. For example, when you hear the word "dog," you might probably associate it to your childhood's pet, or to your neighbor's dog who once bit you, or most probably: both. This is the complicated process underlying the choices behind the writing of these stories, and you have the right to know our recipe.

You will first find commonly used words that you most probably already know. As you go on reading, new topics will appear. Particularly, *Unicornios* is the first story, and it starts expanding your vocabulary on quantifiers, breakfast, shopping, body parts, and gestures. In the subsequent stories, you will find more of these items but most of them will not be included in the vocabulary list; this will help you recall another item that appeared in a previous story.

Later on, as you go on reading, you will find common idiomatic expressions, e.g. *tener razón* means "to be right." These are expressions consisting in more than one word, which cannot be separated into its parts to find out the meaning of the expression as a whole and very rarely coincide with a literal translation.

The vocabulary entries have been alphabetically ordered for your comfort, making it easier to find the words in case you cannot remember a particular one and have to go back to the chart.

Some of the stories are quite simple, always with a plot that ends with a nice lesson. A few other stories, such as *Reunión III*, while still easy to understand, hide the end and leave it to your deduction skills. Other stories, like *Sin nombre* or *Otra anécdota diaria* will deep into cultural and historical facts in Latin American countries.

The stories kindly encourage reflections about our everyday actions (with society, with our family, with ourselves), priorities (education, friendship, diversity), influences (social, technological, generational), assumptions, etc.

Just reading a glossary has been proven a completely useless and ineffective method to learn another language, not to mention counterproductive as it demotivates and frustrates you. It should be learnt in an enjoyable, fun, and personal way with different concepts appearing in different contexts, as stated in *Sin nombre*, "everything acquires meaning when put in a context" and that is what this book is intended to do. Discover worlds similar to this one, as well as other worlds where weird creatures communicate with humans.

It is highly advisable that you read the stories twice or more until you don't need to consult the glossary more than 5 times. Moreover, do not skip the introduction to each story as this will predict important points that you may consider while reading, such as conjugations, word families, or main topics.

If you are tired of doing repetitive grammar exercises, this is the perfect book: genuine stories with divergent thought and contemporary perspectives embedded that I swear you will not find anywhere else.

Only conversational language is included, and narration conforms a big part of our everyday talk. Don't you usually find yourself in a situation where you can't skip the setting, probably to justify your actions, opinions or feelings? Be able to retell your anecdotes with the correct grammatical structures and a wide vocabulary range.

Hop on!

STORY 1

The following is a simple and nice story about two sisters, one of which is about to turn 17. Her birthday is a really important day she has been preparing long ago. But some problems arise in the meantime.

This story will help you with:

- ✓ Quantifiers (a lot, a bit, several, etc)
- ✓ Party vocabulary (guests, drinks, colors, etc)
- ✓ Breakfast food
- ✓ Shopping (verbs and nouns)
- ✓ Body parts (head, chest, nose, eyes, etc)
- ✓ Gestures (kiss, hug, stare, etc)
- ✓ Antonyms (close/ open, laugh/ cry, happy/ sad, hot/ cold)

Unicornios

—¡**Rápido**, **despierta**! **Faltaban tres** días para el **cumpleaños** de Anna, una **adolescente** de 16 años, casi 17. Había estado preparando su **fiesta** hace más de un **mes**. Lo tenía todo planeado: quería tener una fiesta con **temática** de unicornios y **mucho** color. Estaba segura de que sería un **gran** día para ella y todos sus **amigos** y **familiares**.

-¿Qué hora es? – le respondió su **hermana**, Janice.

Janice tenía 21 años. **Vivían juntas** en un **departamento** en el centro de la ciudad.

-Las 7 am. A las 8 comienzan a **abrir** las **tiendas**.

Janice se tapó con la **almohada** y **se quedó** en la **cama** unos minutos más. A los 15 minutos su hermana vuelve a **gritar**.

-¡Ya está el **desayuno**!

Janice **se levantó** con algo de **pereza** y tomó un **sorbo** del **café** con **leche** que su hermana le **había hecho**. Tenía mucha **espuma**, como a ella le gustaba. Su hermana **tomaba té**. Sobre la mesa había **medialunas**, **galletitas**, **mermelada**, **mantequilla de maní**, **queso** y **manteca**.

Entre **risas** se despabilaron y **se alistaron** para salir de compras.

Eran las compras más importantes que Anna haría en el **año**. Era incluso más importante que **navidad** o **año nuevo**.

Ambas se pusieron un **vestido**, ya que era febrero y **hacía mucho calor** afuera en esa época del año. Ellas vivían en Paraguay desde que eran muy **chicas**.

Salieron del departamento, Janice **conduciría**. El **primer** lugar era el **centro comercial**, allí comprarían un vestido de colores, muchos colores: **rosa, rojo, naranja, amarillo, verde, azul, celeste** y **violeta**.

Anna **se lo probó** y le quedaba precioso, **resaltaba** su **sonrisa** y su **personalidad**. Ella mostraba sus colores en cada cosa que hacía, ya que era muy **risueña** y creativa. Se sentía única, como un unicornio.

El siguiente **destino** era el **cotillón**. **Allí** compraría: un **cuerno** de **utilería** para ponerse en la **cabeza**, **brillantinas** de color **dorado**, **plateado**, celeste y violeta.

También compraría témperas de varios colores y unas **alas** de **pluma blanca**. Le gustó la idea de ser un unicornio **alado**.

Luego de **encontrar** todo lo que **buscaba**, se acercó a la **caja**.

-Son $750 – le dijo la cajera.

Anna la **miró asustada**. Estaba **sorprendida**. Hace un mes ella había **calculado** el **precio** de todo lo que quería comprar, pero tenía otro **presupuesto** pensado.

-Pues, puedes dejar las alas –le **sugirió** su hermana.

Anna lo **pensó** durante unos minutos. Estaba muy **decepcionada**, pero sabía que tendría que **ceder** o no llegaría a comprar lo que **necesitaba** con los **ahorros**. Janice seguía con el **celular**. Anna se **enfadó** con ella porque estaba en las **redes sociales en vez de** ayudar a su hermana.

-Está bien – dijo Anna **un poco triste**.

El **siguiente** destino era el **supermercado**, donde compraría **pan, jamón, queso, mayonesa, aceitunas, mostaza, kétchup, tomate** y **huevo**, lo suficiente para **alimentar** a sus 25 **invitados** con **sándwiches**, que siempre fueron su especialidad.

Volvieron a la caja, y el **monto** total **superaba** más del doble de lo que ella pensaba. Su hermana, Janice, se ofreció a pagar la diferencia, pero Anna **se negó**. Dijo que para eso había ahorrado y que iba a ver cómo **solucionarlo**. Janice entendió y volvió a sacar el celular.

<<Podría ofrecerse a pagar todo. >> Pensó Anna.

Anna dejó **varios** ingredientes en la caja porque no podría pagarlos. Anna no se sentía con más ganas de seguir haciendo sus compras. No era una situación agradable para ella, así que decidió que debían volver a su casa.

Cuando **llegaron**, se sentaron con la lista de **cosas** que debían comprar. Aún faltaban cosas como la **torta**, las **velas**, los **globos**, los **platos**, los **vasos**, y las **bebidas**.

Anna le pidió a Janice que **por favor** no le avisara a sus padres, porque no quería **pedir**les **dinero**. Anna **se sentía** una chica independiente, y el cumpleaños era parte de eso. Cumplir 17 para ella significaba ser una **mujer**, y ser una mujer es ser independiente, **autosuficiente**, **fuerte** y **trabajadora**.

Janice **prometió** no contarle a sus padres.

Durante los dos días siguientes, Anna intentó buscar trabajo, pero **no consiguió** nada. Estaba muy decepcionada, ya que no iba a poder hacer las compras para su cumpleaños. Al menos sabía que iba a estar **linda** y con su cuerno y las brillantinas, pero sus invitados tendrían que comer parados, **sin** platos, e iban a tener que **compartir** los vasos que ya había en la casa, que eran 10. ¿Y qué hay de la **torta**?

El día llegó. 13 de febrero. Ya estaba lista para recibir a sus invitados en su casa a las 8 de la noche. Pasó 1 hora pero nadie llegaba. <<Quizás no **vendrán**. O quizás se **olvidaron**. >> Anna estaba paranoica. No se suponía que las cosas debían salir así. **Todo** debía ser perfecto.

A los 15 minutos llegó su amigo Bernardo. Anna **lo abrazó**. Él era su **mejor amigo** desde la **infancia**. **Cerró** los ojos para no llorar. Aunque sabía que no estaba bien detener el llanto. Bernardo **se dio cuenta** de que Anna estaba triste, así que la abrazó. Pero del otro lado **esbozaba** una sonrisa. Abrió los ojos y la observó a Janice. Ambos sonrieron. Anna estaba a punto de llorar, cuando de repente abrió los ojos. La **mesa** estaba llena de platos de muchos colores, vasos por doquier. Había bebidas sabor **naranja**, **manzana**, **limón**, **ananá** y **frutilla**. 10 de sus amigos estaban alrededor de la mesa **principal** sonriendo.

Anna al fin se largó a llorar, pero de la **felicidad** y la **emoción**. Anna fue a abrazar a **cada uno** de sus amigos, de forma desesperada y muy feliz. Le dio un beso a cada uno de ellos. Pero…

-¿Cómo es que lo **sabían**? – Preguntó Anna.

Janice, desde su **espalda**, les señalaba a sus amigos que no **dijeran** nada. Pero Anna se dio cuenta de que había al menos 10 **ojos mirando fijo** hacia atrás, y miró por el **reflejo** de la **ventana** el gesto de su hermana pidiendo silencio. Entonces Anna sonrió y se dio vuelta a abrazar a su hermana con todas sus fuerzas.

-¡**Salvaste** mi cumpleaños!

-Claro que no. Ellos fueron. Todos ellos. –le respondió Janice.

-Gracias a todos, chicos. –Anna estaba muy **contenta**.

-**Recuerda** siempre mantener la **humildad**. A veces necesitamos que nuestros amigos nos **ayuden**. Cuando sabes que lo necesitas, solo pide. A veces el **orgullo** es más **caro** que lo que puedas **debernos**.

-Se los **pagaré** – replicó Anna.

-Claro que no. Es nuestro regalo de cumpleaños. – le dijo Bernardo **en nombre de** todos sus amigos. –Y aún falta la mejor parte.

-¿Qué es?- preguntó Anna un poco **inquieta** e **intrigada**.

-Que los cumplas feliz. Que los cumplas feliz. Que los cumplas, Annita. ¡Que los cumplas feliz!

El resto de sus 25 amigos entraron **cantando el feliz cumpleaños** con una torta de **arcoíris** y una **vela** con el número 17.

A los 10 minutos llegaron sus **padres**, Antonio y Ricardo. Eran los mejores padres del mundo, y siempre habían **apoyado** a sus hijas en todo, incluso en la decisión de independizarse.

Janice y Anna los abrazaron fuerte. Pusieron música y comenzaron a **reír** a carcajadas, se **pintaron** con las brillantinas, se pintaron las narices de color, **jugaron juegos**, **bailaron** y cantaron.

A las 12 de la noche, el cumpleaños de Anna **ya había terminado**.

Estaban en el balcón con su amigo Bernardo, observando las **estrellas** mientras tomaban un vaso de **jugo de naranja frío**. El **cielo** estaba estrellado y la **luna** llena **resplandecía** sobre sus **caras**. La **brisa cálida** del **verano** acariciaba sus caras. De pronto, Berni, como ella le decía, rodeó su **cintura** con su **brazo** y la acercó a su **cuerpo**. Anna siempre se sentía **cómoda** con él. Eran muy buenos amigos desde siempre y lo quería mucho. Eran muy **cercanos**. Él **olió** su cabello y le dio un **tierno beso** en la cabeza. La voz de Berni se escuchaba muy **bajita** y **clara**. **Susurró** unas palabras que Anna **apenas** pudo **entender**, por lo que **levantó** la cabeza para **verlo**, pero lo **golpeó** en la **nariz** con el cuerno.

Ambos se separaron y Anna le pidió **perdón**, pero Berni estaba riendo a **carcajadas**. Ambos comenzaron a reírse, hasta que Anna notó que había **lágrimas** en la **mejilla** de Berni.

-¿Acaso estabas llorando? ¿Qué pasa?

-Sí, perdón.

-No pidas perdón. **Está bien** llorar. ¿Qué sucede?

.-Es que también tengo un **regalo** para ti esta **noche**.

Anna lo miró con sorpresa. ¿Acaso él también la amaba? Ella siempre estuvo **enamorada** de él. Entonces Berni se acercó a sus **labios** y le dio un beso tierno y **corto**.

Anna se **ruborizó** y le **devolvió** otro beso.

-Felices 17 años y 1 día, Anna.

Anna lo abrazó y apoyó su cabeza en el pecho de su amigo. Y ese día comenzó una bella **historia de amor** entre dos inocentes y **divertidos** adolescentes. Ambos sabían que eran únicos e **irrepetibles** y eso era lo que más amaban del otro. Sus amigos los llaman "los novios unicornio".

VOCABULARY

¡despierta!	wake up!	kétchup	ketchup
¿qué hora es?	what time is it?	labios	lips
abrir	open	lágrimas	tears
aceitunas	olives	leche	milk
adolescente	teenager	levantó	raised
ahorros	savings	limón	lemon
alado	winged	linda	beautiful
alas	wings	llegaron	(they) arrived
alimentar	feed	lo abrazó	hugged (him)
allí	there	luna	moon
almohada	pillow	manteca	butter
amarillo	yellow	mantequilla de maní	peanut butter
amigos	friends	manzana	apple
ananá	pineapple	mayonesa	mayonnaise
año	year	medialunas	croissants
año nuevo	new year	mejilla	cheek
apenas	barely	mejor amigo	best friend
apoyado	supported	mermelada	jam
arcoíris	rainbow	mes	month
asustada	scared	mesa	table
autosuficiente	self-sufficient	mirando fijo	staring
ayuden	help	miró	(she) looked
azul	blue	monto	amount
bailaron	danced	mostaza	mustard
bajita	short	mucho	a lot of
bebidas	drinks	mujer	woman
beso	kiss	naranja	orange
blanca	white	naranja	orange
brazo	arm	nariz	nose
brillantinas	glitter	navidad	christmas
brisa	breeze	necesitaba	needed
buscaba	looked for	no consiguió	did not get

cabeza	head	noche	night
cada uno	each one	ojos	eyes
café	coffee	orgullo	pride
caja	register	padres	fathers
calculado	calculated	pagaré	(i) will pay (you) back
cálida	warm	pan	bread
cama	bed	pedir	ask for
cantando	singing	pensó	thought
caras	faces	perdón	sorry
carcajadas	guffaw	pereza	sloth
caro	expensive	pintaron	painted
ceder	yield	plateado	silvery
celeste	light blue	platos	dishes
celular	cell phone	pluma	feather
centro comercial	mall	por favor	please
cercanos	close	precio	price
cerró	closed	presupuesto	budget
chicas	young	primer	first
cielo	heaven	principal	principal
cintura	waist	prometió	promised
clara	clear	queso	cheese
cómoda	comfortable	queso	cheese
compartir	share	recuerda	remember
conduciría	would drive	redes sociales	social media
contenta	happy	reflejo	reflection
corto	short	regalo	present
cosas	things	reír	laugh
cotillón	gift shop	resaltaba	stood out
cuerno	horn	resplandecía	gleamed
cuerpo	body	risas	laughter
cumpleaños	birthday	risueña	smiling
debernos	owe (to us)	rojo	red
decepcionada	disappointed	rosa	pink
departamento	flat	ruborizó	blushed
desayuno	breakfast	sabían	(they) knew

destino	destination	salvaste	(you) saved
devolvió	gave back	sándwiches	sandwiches
dijeran	(they) said	se (lo) probó	(she) tried (it) on
dinero	money	se alistaron	(they) got ready
divertidos	fun	se dio cuenta	(she) realized
dorado	golden	se levantó	got up
él	he	se negó	(she) refused
el feliz cumpleaños	the birthday song	se olvidaron	(they) forgot
él olió	(he) smelled	se quedó	(she) stayed
emoción	emotion	se sentía	(she) felt
en nombre de	on behalf of	siguiente	next
en vez de	instead of	sin	without
enamorada	in love	solucionarlo	solve (it)
encontrar	find	sonrisa	smile
enfadó	got angry	sorbo	sip
entender	understand	sorprendida	surprised
época	time	sugirió	(she) suggested
esbozaba	insinuated	superaba	exceeded
espalda	back	supermercado	supermarket
espuma	foam	susurró	whisper
está bien	it's okay	también	also
estrellas	stars	té	tea
familiares	relatives	temática	theme
felicidad	happiness	tiendas	shops
fiesta	party	tierno	tender
frío	cold	todo	all
frutilla	strawberry	tomaba	drunk
fuerte	strong	tomate	tomato
galletitas	cookies	torta	cake
globos	balloons	trabajadora	hard-working
golpeó	hit	tres	three
gran	great	triste	sad
gritar	shout	un poco	a bit
había hecho	had done	única	unique
hacía mucho calor	it was very hot	utilería	props

hermana	sister	varios	several
historia de amor	love story	vasos	cups
huevo	egg	vela	candle
humildad	humility	velas	candles
infancia	childhood	vendrán	(they) will come
inquieta	restless	ventana	window
intrigada	intrigued	verano	summer
invitados	guests	verde	green
irrepetibles	unrepeatable	verlo	see (him)
jamón	ham	vestido	dress
jugaron juegos	played games	violeta	violet
jugo de naranja	orange juice	vivían	(they) lived
juntas	together	ya había terminado	had finished

STORY 2

The following is a crude story about a mysterious case that is about to be solved by the Police Chief of a city where there are no newspapers and murders are socially accepted.

This story will help you with:

- ✓ Demographic classification (old, young, women, men, etc)
- ✓ Question building (*wh-* elements)
- ✓ Numbers 1-10
- ✓ Face parts
- ✓ Facial expressions

Diez Cuadras

Santa Rita era una **ciudad** llena de misterios, donde a veces ocurrían hechos **extraños** y sin precedentes. Sin embargo, en aquella ciudad no existían los **periódicos** ni la **prensa**, ya que aquellos que se **inmiscuían** en asuntos ajenos se volvían **locos** por no poder **lidiar** con los detalles detrás de los crímenes y **apariciones**.

Roberto era un **ciudadano** de Santa Rita, pero vivía sin **preocupaciones**, ya que a él jamás le había pasado **nada** extraño, aunque se enteraba de todo. Él trabajaba en la **central de policía** de la ciudad, junto a su hermano menor, Rolando.

Desde su puesto de trabajo, Roberto no tenía mucho que hacer, así que dedicaba sus **mañanas** y **tardes** a comer **rosquillas**, jugar sudoku y hacer **crucigramas**. Pero ese **martes**, una mujer llega llorando a la central. Roberto se levanta de un golpe y va a tratar de calmarla. Él era el **jefe** de la **estación**.

La mujer estaba **inmovilizada** por dos policías **mujeres** mientras gritaba palabras que resultaban **difíciles** de **comprender**. Roberto, aún con **restos** de **azúcar** alrededor de su **boca**, le explica a esta señora que debía calmarse para que pudieran entender lo que decía.

La mujer se calmó, miró a los **ojos negros** de Roberto, y dijo unas **palabras** en **voz baja**.

-**Secuestraron** a mi **hijo**.

Roberto se quedó **boquiabierto**. Todos los crímenes y hechos extraños que allí sucedían siempre tenían como víctima a personas **mayores** que habían sido **acusadas** y responsables de **atrocidades** en el **pasado**, como un **exmilitar** que había sido cómplice del holocausto. Nadie discutía su **asesinato**. Pero, ¿un **niño**? Esta era la **primera** vez.

-Claro. –le respondió Roberto. –Ahora mismo le tomaré la **denuncia**. Pase a mi **oficina**.

Una vez en la oficina, la mujer se quedó **callada** durante unos minutos. Mirando hacia abajo, le dijo a Roberto que no se sentía **cómoda** con tantas personas en la **sala**. Las dos policías se retiraron de la sala y cerraron la **puerta**. La mujer tenía en la mano un **brazalete** de **oro** con un corazón en el centro.

-Me lo arrebataron de la mano. –la mujer comenzaba a declarar. Pero Roberto estaba tan intrigado que olvidó **tomar nota**.

-¿Pudo verle la cara? –inquirió Roberto.

-Sí. Pero eso es lo extraño.

La cara de la mujer comenzó a **empalidecer**. Levantó la mirada y no parpadeó ni un segundo mientras **relataba** su historia.

-Íbamos caminando al **jardín**, como todos los días. Él tiene 5 años. Caminamos **diez** cuadras desde **casa** a las 8 de la mañana. –contaba la señora, cuyo nombre **aún** no **revelaba**.

-Muy bien. Hasta el momento nada extraño. –objetó Roberto.

La señora seguía en silencio. Miró el brazalete en sus manos de nuevo y lo **presionó** con fuerzas. Sus lágrimas comenzaron a caer por sus mejillas. Roberto solo la observaba llorar en **paz**.

Al levantar la mirada, los ojos rojos de la mujer lo miraron fijo.

-Era **un señor**.

-¿**Cómo** era ese señor?

-Luego eran **dos**.

-Descríbalos. –Roberto tomó la **lapicera** y su **anotador** para comenzar a **escribir** las indicaciones.

-Luego **tres**. –siguió la señora.

-Necesito que los describa por favor.

-Luego **cuatro**.

La sala se quedó en silencio. La señora contaba a un **ritmo** muy **lento**.

-**Cinco**... seis... siete... ocho...

Cerró sus ojos, **frunció el ceño** para poder recordar con mayor claridad.

-**Nueve**... -la señora comenzó a llorar **desconsoladamente**.

-No se preocupe señora, vamos a encontrar a su hijo. —Roberto intentaba calmarla. —Pero necesito que me diga cómo eran esos señores.

-**Tez trigueña**, **ojos claros**, una **verruga** en su **mejilla derecha**, aparentaban 50 años, **canosos**, y todos llevaban **anteojos**. Todos estaban vestidos igual. Con **camisas grises**, **pantalones negros** y **zapatos** en punta. Desde que nos mudamos a Santa Rita hace 3 meses, jamás había comprado café en un bar para ir tomando **en el camino**, pero hoy se nos hacía **tarde**. El primero de ellos era el **cantinero** en el bar. Pero luego fue un **taxista**.

Roberto recordó que ese día se cumplirían 100 años desde el primer **asesinato** de un cómplice de la **primera guerra mundial**. Todos estos individuos podrían haber estado vestidos igual que aquel asesino, **quizás** para conmemorarlo.

-Eran **altos**, **flacos** y tenían **bigote** y **barba**. —siguió la señora.

-Muy bien, señora. ¿**Cuál** es su nombre? —preguntó Roberto

-Carlos.

-¿Ese no es un nombre de **varón**?

-Carlos es el nombre de mi hijo. ¡Encuéntrenlo!

Roberto **se alistó** y **llamó** a su hermano, pero daba **ocupado**. A veces se dormía y llegaba tarde al trabajo. Roberto llamó a toda la **patrulla** para que buscaran en cada **rincón** de la ciudad. Carlos debía aparecer.

En la calle **se cruzó** una y otra vez con **hombres** y mujeres disfrazados de Alberto Trones, el asesino canoso con lentes y barba de unos 50 años.

-¿**Qué** hacemos? —Roberto comenzó a hablar por su comunicador.

-Deberíamos llevar a la comisaría a los que estaban en esas 10 cuadras. —alguien le respondió a través del **comunicador**.

-No, porque se han movido.

-Entonces **detengamos** a todos. La ciudad no es tan **grande**. —la voz de Rolando se escuchaba desde el comunicador.

-Muy bien. —contestó Roberto.

Toda la policía se movilizó y puso a los 97 **sospechosos** en un parque **cercado** de la ciudad. Esto era **inédito**. La mujer comenzó a mirar a la cara a cada uno, esperando que alguno **se arrepintiera** y confesara al ver sus lágrimas de **dolor**. Mientras tanto, una policía tomaba nota de lo que habían estado haciendo hasta entonces cada uno de ellos.

La madre de Carlos **alzó la voz** e hizo callar el murmullo.

-Quiero que me digan, uno por uno, **cómo** es que se organizaron para vestir todos lo mismo hoy.

-Yo recibí en mi **buzón** la **ropa** con los accesorios. Venían **gratis** con la **fotocopia** de una **carta** de motivación para conmemorar al querido Sr. Trones. —respondió una mujer desde lo lejos.

-¿Quién **firmó** esa carta? —inquirió la madre de Carlos.

-El **aliado**.

-¿De **dónde** provenía la carta?

-De mi **casa**.- uno de los sospechosos alzó la voz.

Se sacó la **peluca** y los anteojos. Todos hicieron lo mismo. Había **jóvenes** y **viejos**, hombres y mujeres, **morochos**, **rubios**, algunos incluso **usaban maquillaje** para aparentar la tez trigueña.

-Me llamo Ricardo, yo envié las 97 **cajas** pero yo no **maté** a Carlos.

La señora se largó a llorar desconsoladamente. Hasta el momento pensaba que solo lo habían secuestrado, pero nunca se le cruzó por la cabeza pensar que alguien lo había matado. El silencio era **espantoso**. Pero lo extraño era que **ninguno** de los 97 sospechosos lloraba, algunos bajaron la cabeza, excepto uno. Solo uno alzaba la cabeza en alto, como si fuera un **soldado** siguiendo las órdenes de su superior.

Ricardo se acercó a él.

-¿Ni siquiera respeto por el niño vas a tener? —le gritó en su cara **escupiendo** algo de saliva por la **rabia** que llevaba dentro.-Encontraremos el **cuerpo**, señora. —le dijo a la madre.

-¡Ya no me importa su **cuerpito**, quiero su **alma** viva!

Escucharla hacía que el corazón de Roberto **se partiera en pedazos**, y buscó con la mirada a Rolando porque su hermano le daría **fuerzas**. Rolando estaba en silencio, con la cabeza completamente hacia abajo. Fue entonces cuando Roberto notó que **debajo de** su **manga** y **detrás de** su **cuello** había una **tela** de color gris.

-Ricardo envió 97 paquetes. Más el suyo, son 98.

Rolando alzó la vista, y una sonrisa se esbozaba en su cara. Era una sonrisa de orgullo, una mueca que irritó a Roberto al instante.

Roberto **desgarró** el uniforme de su hermano y dejó **al descubierto** la misma ropa que tenían los sospechosos.

-Sí, fui yo. Y en 100 años van a conmemorar mis actos heroicos.

La mujer **saltó al cuello** de Rolando y mientras lo ahorcaba le preguntaba **por qué** lo había hecho, dónde estaba, y le juraba que lo **estrangularía**. Las policías la separaron y Rolando, desde el piso, contestaba: -Él era el **próximo detonante** en el **parlamento** y desataría una guerra que afectaría a millones de **vidas** otra vez. Me lo dijo la **vidente** de la **esquina**, pero ya no la encontrarás allí.

-**Suéltenla**, es una **orden**. —ordenó Rolando a las policías. Las policías **obedecieron**.

Mientras la madre lo estrangulaba, Rolando recitaba sus últimas palabras.

-Es un honor **morir** en sus manos, señora. Es mi deber, y si tengo que dar mi vida para salvar a millones más, entonces lo acepto.

Fue así que Roberto **presenció** la muerte de su hermano. Nadie levantó **cargos** contra la señora, cuyo nombre sigue siendo un misterio para todos.

VOCABULARY

acusadas	accused	jóvenes	young
ajenos	somebody else's	lapicera	pen
al descubierto	uncovered	lento	slow
aliado	ally	lidiar	deal
alma	soul	llamó	called
altos	tall	locos	crazy
alzó la voz	(she) raised her voice	mañanas	mornings
anotador	block	manga	sleeve
anteojos	glasses	maquillaje	make-up
apariciones	appearances	martes	tuesday
asesinato	murder	maté	killed
asesinato	murder	mayores	older
asuntos	affairs	mejilla	cheek
atrocidades	atrocities	morir	die
aún	still	morochos	dark-skinned
azúcar	sugar	mujeres	women
baja	low	nada	nothing
barba	beard	negros	black
bigote	moustache	ninguno	none
boca	mouth	niño	boy
boquiabierto	bowled over	nueve	nine
brazalete	bracelet	obedecieron	(they) obeyed
buzón	mailbox	ocho	eight
cajas	boxes	ocupado	busy
callada	quiet	oficina	office
camisas	shirts	ojos	eyes
canosos	gray	ojos	eyes
cantinero	barman	orden	order
cargos	charges	oro	gold
carta	letter	palabras	words
casa	house	pantalones	pants

casa	home	parlamento	parliament
central de policía	police headquarter	partiera en pedazos	broke into pieces
cercado	fenced	pasado	past
cinco	five	patrulla	patrol
ciudad	city	paz	peace
ciudadano	citizen	peluca	wig
claros	light	periódicos	newspapers
cómo	how	por qué	why
cómo	how	prensa	press
cómoda	comfortable	preocupaciones	worries
comprender	understand	presenció	witnessed
comunicador	walkie-talkie	presionó	pressed
crucigramas	crosswords	primera	first
cuál	which	primera guerra mundial	first world war
cuatro	four	próximo	next
cuello	neck	puerta	door
cuerpito	little body	qué	what
cuerpo	body	quizás	maybe
debajo de	under	rabia	rage
denuncia	report	relataba	told
derecha	right	restos	rests
desconsoladamente	inconsolably	revelaba	revealed
desgarró	tore	rincón	corner
detengamos	arrest	ritmo	rhythm
detonante	trigger	ropa	clothes
detrás de	behind	rosquillas	donuts
diez	ten	rubios	blond
difíciles	hard	sala	room
dolor	pain	saltó a su cuello	jumped to his throat
dónde	where	se alistó	got ready
dos	two	se arrepintiera	regret
empalidecer	get pale	se cruzó	ran into
en el camino	on the way	secuestraron	(they) kidnapped
escribir	write	seis	six

escucharla	listen (to her)	señor	mr
escupiendo	spitting	siete	seven
espantoso	horrible	soldado	soldier
esquina	corner	sospechosos	suspects
estación	station	suéltenla	release (her)
estrangularía	(would) strangle	tarde	late
exmilitar	ex-militar	tardes	afternoons
extraños	strange	taxista	cabbie
firmó	signed	tela	cloth
flacos	skinny	tez	complexion
fotocopia	copy	tomar nota	take notes
frunció el ceño	frowned	tres	three
fuerzas	forces	trigueña	olive (-skinned)
grande	big	últimas	last
gratis	free	un	one
grises	gray	usaban	wore
hijo	son	varón	male
hombres	men	verruga	wart
inédito	unprecedented	vidas	lives
inmiscuían	meddle	vidente	seer
inmovilizada	immobilized	viejos	old
jardín	kindergarten	voz	voice
jefe	chief	zapatos	shoes
jefe	chief		

STORY 3

This is a joyful story full of fantasy and imagination about a boy's life, Lucas, whose resilience is as hard as a rock and who is learning to show his feelings in order to overcome tragedies. He lives with his father, and they to get over the fact that Lucas' mother is not home anymore. Some friends will help him in the meanwhile, some special friends.

Regarding language, this story will help you with:

- ✓ size/ dimensions (small, little, huge, big, etc)
- ✓ aspect
- ✓ go over colors and numbers
- ✓ prepositions (in, of, with, etc)
- ✓ expressions of interest (e.g. are you ok?; what happens?)
- ✓ fish types

Las Casa Del Lago

Lucas era un niño de seis **años** que vivía **en** una **pequeña** casa **aislada** en un **pueblo** de Ucrania, a las **orillas de** un lago. En esta casa vivía **con** su padre. Su padre era un **pescador nato**.

A Lucas le encantaba el pescado que su papá conseguía: **bacalao**, **sardinas**, **atún** y **dorado**. A veces **hasta** lo **ayudaba** a atrapar los peces, y la mayoría del tiempo eso comían, excepto los **lunes**, que era día de comer **pollo**. A su papá **no le gustaba** consumir **carne roja**, pero si Lucas quería, él no tendría problema en **cocinar**, **aunque** era muy **cara** en ese momento.

Todos los días, Lucas iba al colegio mientras su padre trabajaba. Él lo quería mucho a su padre y vivían felices.

Toda la vida de Lucas era una aventura. Pero las noches tenían algo más que peculiar en su casa del **lago**. Al llegar la **medianoche**, unas **criaturas** que **solo** Lucas **podía ver** y **escuchar** aparecían en su **habitación** para **divertirse** y **contar cuentos antes** de ir a **dormir**. Eran criaturas de **tamaño mediano** y **chico**. Algunas eran **peludas**, otras tenían **escamas**, otras estaban llenas de **espinas**, con ojos **grandes** y algunos con boca grande. Podían tener tres ojos, o cinco. ¡Sí, cinco! Había uno que se veía **baboso**, de color salmón. También había uno amarillo con **largas uñas** y **lunares** de color verde. Sin embargo, su favorito era Lionel, un **pequeño** saltarín con ojos **gigantes** y **pelaje** azul que se arrastraba para moverse. Siempre se sentaba con él, a su lado, en la cama.

Estas criaturas habían aparecido **luego de** que la mamá de Lucas fue hospitalizada. Él iba a visitarla con su papá todas las semanas, pero no les permitían verla mucho tiempo. Lucas no entendía por qué. **Todas** estas criaturas eran amigos que le hacían **compañía**, le contaban historias que su mamá **inventaba** cuando estaba en casa. Lo hacían reír hasta que se **durmiera**.

Ese **lunes** antes del **almuerzo**, su papá le dijo que no comerían pollo porque no había más. Lucas se sintió muy **afligido**, ya que era la **primera** vez que no comería pollo un lunes. <<Siempre **duele** salir de la rutina>> pensó. Era un niño muy **inteligente** para su edad.

Su papá, por su lado, estaba un poco triste. Se notaba en su **rostro**. Lucas le preguntó qué le pasaba. Su papá nunca le **mentía**, y Lucas tampoco le mentía a él. Era una promesa que le habían hecho a su mamá.

-Hoy **atrapé** la misma **cantidad** de peces, pero...-su papá **trago** saliva.

-¿Pero? –preguntó Lucas.

-La **mitad** estaban **muertos**. –confesó su papá con una **lágrima** en el rostro.

Luego de eso su papá se largó a **llorar**. Lucas fue a abrazar a su papá para que se calmara. Él **extrañaba** a su mamá, ella siempre era buena con los llantos de su padre. Pero estaba **internada** desde hacía ya un año.

-Papá, ya vamos a atrapar más. **No te preocupes**. -la **dulce** voz de Lucas calmaba el llanto de su padre.

Llegó la **noche**, Lucas ya estaba en su cama, pero sus amigos no aparecieron de repente como era costumbre. Pasó media hora y uno de ellos se asomó por detrás de la **mesita de luz**. Era Lionel. Estaba más azul que nunca.

-Hola, Lionel. ¿Te pasa algo? -preguntó Lucas.

-Lu, no encontramos a Salo. -le respondió Lionel.

Salo era su amigo de color rosado con aspecto baboso y ojos azules. Él no se estuvo sintiendo bien esos últimos días, parecía estar **enfermo**. Le recordaba a cómo estaba su madre antes de ser hospitalizada. Esperaron casi sin **mediar** palabras hasta la 1am, pero ninguno de sus amigos apareció. Sin darse cuenta, se durmieron.

Al siguiente día, Lucas **fue** a pescar con su papá en el Río Dniéper. Parecía no estar muy **lleno** de peces, **al menos** no vivos. ¿Por qué seguían desapareciendo los seres a su alrededor? Lucas se sentía **culpable**, con **tan solo** 6 años **asumía** una responsabilidad que no era suya.

Al llegar la medianoche, todos sus amigos aparecieron, excepto Salo. Sus amigos no estaban felices, pero habían aceptado que Salo ya no estaría con ellos.

-La verdad es que son las **reglas** de la vida. Todo tiene un **fin**. Nada es **para siempre**. –Lionel parecía un disco **rayado**.

-Claro, -uno de sus amigos que nunca hablaba **alzó la voz** desde atrás –pero también el **dolor** es parte de la **vida**. Estar triste, extrañar, **lamentar**, llorar… son todas cosas que no se pueden **evitar** y que es bueno que las expresemos.

-Sí. **Debemos** decir lo que **sentimos** en todo momento. –dijo otro de sus amigos.

Lucas miró a Lionel a los ojos y lo abrazó con fuerzas. Unas lágrimas **salieron** de sus ojos.

-Gracias a todos. Los quiero mucho. –dijo Lionel.

Se levantó de la cama, salió de la habitación y fue a la habitación de su padre.

-¿**Qué pasó**, hijo?

-Papá. –Lucas se abalanzó sobre los brazos de su padre. –Extraño a mamá.

-**Yo también**. –contestó su padre.

Ambos lloraron a mitad de la noche hasta dormirse. Recordaron todas las buenas cosas que habían vivido con su madre. Nunca sabían cuándo sería la última vez que **podrían** visitarla en el hospital. **Al fin de cuentas**, ¿quién lo sabe?

Hoy, Lucas tiene 37 años, es **psicólogo** y está felizmente **casado**. No podía tener hijos biológicos, así que adoptó a dos **niños** con su **pareja**, dos **perros** y un **gato**. Todos viven en una casa grande **cerca** del océano.

A propósito, esa noche en que Lucas confesó a su padre que extrañaba a su mamá fue la última que vio a sus amigos. Sin embargo, un día vendió su casa en el lago. Ya **nadie** vivía ahí. Debía sacar lo que había quedado allí.

Al llegar, encontró **cajas**, **carpetas**, cosas viejas, y un **cofre**. Al abrir el **cofre** se encontró con muchas fotos de él con su mamá. Jamás había abierto ese cofre. Había muchas fotos de cuando él era **bebé** y estaba en sus **brazos**. Lucas miró las fotos, **una por una**. Las iba a guardar con mucho **amor**.

Al levantar uno de los **cuadros**, se encontró con algo muy extraño. Llamó su atención como nada lo había hecho en toda su vida. Había una gran cantidad de **peluches**, algunos de aspecto baboso, con tres ojos, algunos con cinco, algunos peludos y sí… también estaba Lionel. Eran **más pequeños** de lo que él los veía cuando era un niño.

-¿Estás bien? –preguntó su **hijo**.

-Sí. Siempre lo estuve. Y siempre lo estaremos. –le dijo con un beso en su cabeza.

VOCABULARY

a propósito	by the way	inteligente	intelligent
afligido	afflicted	internada	hospitalized
aislada	isolated	inventaba	made up
at fin de cuentas	at the end of the day	lago	lake
al menos	at least	lágrima	tear
almuerzo	lunch	lamentar	regret
alzó la voz	(he) raised (his) voice	largas	long
Ambos	Both of them	lleno	full
amor	love	llorar	cry
años	years	luego de	after
antes	before	lunares	moles
asumía	assumed	lunes	Monday
atrapé	caught		
atún	tuna	más pequeños	smaller
aunque	although	mediano	medium
ayudaba	helped	medianoche	midnight
baboso	slimy	mediar	mediate
bacalao	cod	mentía	lying
bebé	baby	mesita de luz	bedside table
brazos	arms	mitad	half
cajas	boxes	muertos	dead
cantidad	quantity	nadie	no one
cara	expensive	nato	an old-hand
carne roja	red meat	niños	children
carpetas	folders	no le gustaba	(he) didn't like it
casado	married	no te preocupes	don't worry
cerca	near	noche	night
chico	young	orillas	shores
cocinar	cook	para siempre	forever
cofre	chest	pareja	partner
compañía	company	pelaje	fur
con	with	peluches	teddies

contar cuentos	tell tales	peludas	hairy
criaturas	creatures	pequeño/a	small
cuadros	picture	perros	dogs
culpable	guilty	pescador	fisherman
de	of	podía	could
Debemos	(we) should	podrían	could
divertirse	have fun	pollo	chicken
dolor	pain	primera	first
dorado	golden	psicólogo	psychologist
dormir	sleep	pueblo	town
duele	(it) hurts	¿qué pasó?	what happened?
dulce	candy	rayado	striped
durmiera	sleep	reglas	rules
en	in	rostro	face
enfermo	sick	salieron	(they) came out
escamas	scales	sardinas	sardines
escuchar	hear	sentimos	sorry
espinas	thorns	solo	only
¿estás bien?	are you ok?	tamaño	size
evitar	avoid	tan solo	just
extrañaba	missed	todas	all
fin	end	trago	drink
fue	went	última vez	last time
gato	cat	últimos	last
gigantes	huge	una por una	one by one
grandes	big	uñas	nail
habitación	room	ver	see
hasta	until	vida	life
hijo	son	yo también	me too

STORY 4

This tale tells the story of a bug world divided into eight main kingdoms. You will read the features of each kingdom, its members, and the relationships established with other kingdoms.

This story will help you learn:

- ✓ bug names, both insects and arachnids
- ✓ ordinal numbers
- ✓ political terminology

Octarquía

No eran solo insectos, sino también arácnidos. Todos convivían en una paz relativa en la que cada **reino realizaba** un **trabajo distinto** y colaboraba con el resto a su **manera**. Algunos de los reinos eran más **poderosos**, como naturalmente **se esperaría** de cualquier sociedad.

Primero está el reino de las **arañas**, al este del **imperio**. Ellas son consideradas las más poderosas. Algunas son muy **venenosas**, y en general **cazan** a sus **presas** sin ayuda de nadie más. Son las **maestras** de las **redes**: **redes sociales, comerciales,** de **información,** y **claro**, todas estas redes están hechas de un material muy **pegajoso**. Quien **cayera** en estas redes podría estar **destinado** a una muerte segura, o si tenía **suerte**, podría estar ahí el resto de su vida hasta **petrificarse**. Las arañas no **sufren hambre**, así que no les importaría dejar la **comida** en la red. Sus ocho ojos resultan bastante **intimidantes**, **vigilan** todo lo que **desean** y casi nadie puede **escapar** de su mirada. Algunas incluso tienen muy lindos colores que resultan atractivos e **hipnotizantes**.

En **segundo** lugar **encontramos** al reino de los **escorpiones**. Aún se disputa quién es el **gobernante supremo** de los ocho reinos. Los escorpiones tienen algunas **desventajas** ante las arañas. Dan **miedo** y su **modo de vida** no le simpatiza a muchos. Al resto de los reinos les gustaría no tener un gobernante supremo, otros **optan** por **obviar** el **tema**. La verdad es que siempre que el escorpión no **moleste**, nadie lo molestaría. El problema es que a veces **amenazan** al resto, y el rey escorpión **abusa** de su autoridad incluso en su **propio** reino. Algunas de las arañas son más **fuertes** y grandes que cualquier escorpión, pero no pueden descuidarse. Ellos son los mayores **depredadores** del reino.

En **tercer** lugar, las **abejas**. Ellas colaboran en una **colmena**, con 27 o 28 comunidades internas, cada una con su política. Se han unido para trabajar **juntas** y hoy viven en un **hogar** muy **cómodo**. Se dice que su **madurez** como sociedad se debe a su **larga** historia, probablemente **la más antigua** entre los reinos. Recientemente, una de las comunidades internas, la de los **abejorros**, expresó su deseo de **exiliarse** y **convertirse** en un reino independiente. Aparentemente, no parecen molestar al resto de los reinos.

En el **cuarto** lugar, las **mantis religiosas**. Ellas parecen más silenciosas y mantienen su **privacidad** ante el resto de los reinos. También son muy poderosas y salen a cazar pocas veces. Su comunidad a veces **asusta** a otros reinos, ya que realizan prácticas como el canibalismo. No permiten la **entrada** y **estadía** a muchos miembros de otros reinos. Aún hoy en día **persiguen** a muchos de sus miembros porque **contradicen** el dogma establecido por las mantis mayores.

Quintos están los escarabajos. A decir verdad, su popularidad es muy **discutida**. Viven muy **apretados** en su reino. Son más de los que uno imagina. Ellos son los **maestros** en la **manipulación** de **nuevos** instrumentos en grandes **cantidades**. Su fama es discutida ya que hay muchos factores que son diferentes de los reinos del este. Pero en concreto sabemos que son grandes **productores** y **consumidores**, con buenas relaciones con el resto de los reinos y tienen una **mano de obra** muy talentosa.

Sextas, las **avispas**. Claro que son muy **peligrosas** y **amenazantes**. A veces muy **caprichosas**, otras muy **supersticiosas**. Tienen discusiones internas constantes y **disputas** que muchas veces terminan en **guerra**. Su reputación no es muy buena dentro de la octarquía, y su **difamación** está relacionada con muchas de las comunidades que no tienen lugar en la octarquía ya que no demuestran intenciones de convivir en paz con el resto, o bien no cuentan con **suficientes** miembros o han ocupado su vida en violentas **atrocidades**.

Séptimas, las **hormigas**. Ellas siguen órdenes de los **mayores**, intentan trabajar en conjunto pero no pueden salirse de un camino ya **demarcado** por alguien más. Ellas son las **obreras**, las que levantan 10 veces su propio peso y no **se quejan** con sus superiores. Ellas son las que construyen sus hogares con sus propias manos, pero **a veces** sus **hormigueros** quedan **destruidos** por alguna u otra **razón** y deben comenzar a **construir de nuevo**. Una y otra vez el reino de las hormigas ha **fracasado** en construir un hormiguero que fuera **difícil** de **demoler**. Ellas desean independencia y autonomía, pero se han puesto en una posición de **sublimación** ante los reinos mayores. Al igual que las abejas, no se discuten quién es el más poderoso, y si no están juntas son muy **susceptibles** y **débiles**. Quizás su **diseño** articulado hecho para **seguir** órdenes no les permite idear nuevas **formas** de alcanzar su autonomía.

Y por último, el **octavo** reino: las **moscas**. Este reino recibe la **basura** de la desorganización de los otros, **descomponen** y son segregados por no contar con **fuerza** propia. Muchas veces cuentan con la solidaridad por parte del reino de las arañas y las abejas, que antes se alimentaban de las moscas para **realzar** su poder **sobre** el resto. Este reino es muy **precario en comparación con** el resto.

El reino de las hormigas parece estar conviviendo en paz, sin embargo algunos sectores llegan a tener grandes problemas con el reino de las arañas, y eso **significa** grandes conflictos.

Las avispas siguen con sus problemas internos, y claro. ¿Con quién más? Con las arañas. Al parecer las arañas no pueden dejar de difamarlas ni tampoco dejarán de necesitar las producciones de las avispas.

Los escarabajos no desean tomar una **postura** con respecto al gobernante supremo, van y vienen según les convenga. ¿Carecen de ideales propios?

El reino de las mantis sigue el mismo dogma de hace décadas y parece no tener intenciones de dar el **brazo** a torcer, lo **mantendrán derecho**, muy derecho. Un brazo **frío** y **rígido**.

Los abejorros aún siguen en el proceso de independización, aunque se están dando cuenta de que separarse tampoco era tan buena idea.

Por último, una **viuda negra** un tanto **prepotente** tomó el **mando** del reino de las arañas, aunque la mayoría no estuviera de acuerdo. Al menos no fue a la fuerza, ¿o sí? El rey escorpión **aprovechó** la actitud caprichosa de la viuda negra para **acentuar** el tamaño de sus **pinzas** y su **aguijón**. A la viuda negra parece no importarle nada. La viuda negra está muy **descontenta** con la invasión de hormigas y moscas. Las avispas le dan miedo, pero claro que para ella las abejas son más **lindas** así que las invita con una **carta** perfumada a su **casa**. Seguirá **explotando** el trabajo de los escarabajos y sublimando al resto de los reinos en tanto pueda.

VOCABULARY

1° primero	first	fuerza	force
2° segundo	second	gobernante supremo	overlord
3° tercer	third	guerra	war
4° cuarto	fourth	hambre	hunger
5° quinta(s)	fifth	hipnotizantes	hypnotizing
6° sextas	sixth	hogar	home
7° séptimas	seventh	hormigas	ants
8° octavo	eighth	hormigueros	anthills
a veces	sometimes	imperio	empire
abejas	bees	información	information
abejorros	bumblebees	intimidantes	intimidating
abusa	abuses	juntas	together
acentuar	highlight	la más antigua	the oldest
aguijón	sting	larga	long
amenazan	threaten	lindas	cute
amenazantes	threatening	madurez	maturity
apretados	tight	maestras	masters
aprovechó	took advantage of	maestros	masters
arañas	spiders	mando	leadership
asusta	scares	manera	way
atrocidades	atrocities	manipulación	handling
avispas	wasps	mano de obra	manufacturing
basura	trash	mantendrán	(they) will keep
brazo	arm	mantis religiosas	praying mantis
cantidades	amounts	mayores	greater
caprichosas	sb who throws tantrums	miedo	fear
carta	letter	modo de vida	lifestyle
casa	home	moleste	bother
cayera	fell	moscas	flies
cazan	hunt	nuevos	new
claro	of course	obreras	workers

colmena	hive	obviar	obviate
comerciales	commercial	optan	choose
comida	food	pegajoso	sticky
cómodo	comfortable	peligrosas	dangerous
construir	build	persiguen	pursue
consumidores	consumers	petrificarse	get petrified
contradicen	(they) contradict	pinzas	tweezers
convertirse	become	poderosos	powerful
de nuevo	again	postura	position
débiles	weak	precario	precarious
demarcado	marked	prepotente	prepotent
demoler	demolish	presas	prey
depredadores	predators	privacidad	privacy
derecho	right	productores	producers
descomponen	break down	propio	own
descontenta	dissatisfied	razón	reason
desean	(they) want	realizaba	made
destinado	destined	realzar	highlight
destruidos	destroyed	redes	networks
desventajas	disadvantages	redes sociales	social networks
difamación	defamation	reino	kingdom
difícil	difficult	rígido	rigid
discutida	discussed	se esperaría	would expect
diseño	design	se quejan	complain
disputas	disputes	seguir	follow
distinto	different	significa	(it) means
en comparación con	in comparison with	sobre	over
encontramos	(we) find	sublimación	sublimation
entrada	entry	suerte	luck
escapar	escape	suficientes	enough
escorpiones	scorpions	sufren	suffer (from)
estadía	stay	supersticiosas	superstitious
exiliarse	go into exile	susceptibles	susceptible
explotando	exploiting	tema	issue

Octarquía

formas	ways	trabajo	job
fracasado	failed	venenosas	poisonous
frío	cold	vigilan	(they) watch
fuertes	powerful	viuda negra	black widow

STORY 5

This is story is really joyful and will definitely thrill you. It is meant to go over all the vocabulary that you have learnt until now:

- ✓ Body parts
- ✓ Ordinal numbers
- ✓ Common expressions
- ✓ School language

Reunión III (Parte 1)

Imaginen una **sala oscura**. No se puede ver nada. Solo se escucha un motor. La única **luz** es la de **encendido** del **aire acondicionado**. Se escucha un **suspiro**, de esos que hacemos al asustarnos. Se escucha el **inicio** de un grito pero es **acallado** al instante.

De repente se enciende un **reflector** al medio de una sala. Alrededor del reflector hay 12 **sillas**. En cada silla hay una persona sentada. Eran los **alumnos** del último año de **secundaria** de un **colegio** en un **pueblo** al **sur** del continente.

Solo la **joven** que acaba de despertar tiene los ojos **abiertos**. Está **paralizada** tratando de **gritar**, pero no **sale** ningún **sonido** de su boca. Es como si le hubieran cortado las **cuerdas vocales**.

Al cabo de unos minutos, otro de los alumnos abre los ojos. Él estaba al lado de ella, a su derecha. Se miran. Ambos están **atados** y no pueden **hablar**. Pero no tenían ningún **rasguño**.

Ambos siguen **intentando** gritar para **pedir** ayuda pero nada. Cuando **se cansan**, una **bocina** suena tan **fuerte** que **despierta** a todos. Los gritos comienzan a oírse.

Doce personas gritando por ayuda, pero a los 30 minutos de **gastar**

su voz decidieron **calmarse**. Al menos estaban **ilesos**. Dina logró hacer que todos se callaran. Ella era la más **aplicada** del **curso**.

Mientras Dina pensaba, se escuchó de **fondo** la voz del **director**.

-Al fin **se pusieron de acuerdo**. 30 minutos **tardaron**. –su voz salía de un **altoparlante** al fondo de la sala.

Los chicos se dieron cuenta al instante de que era el director del colegio.

-Tengo la **aprobación** de todos sus padres y madres para hacer esto. Sus sillas están **clavadas** al **suelo**, sus manos están atadas con **precintos** y en sus **muñecas** tienen un **sensor**. Ese sensor informa **varios** parámetros que nos ayudarán a **determinar** si **mienten** o **dicen la verdad**.

Ni bien el director terminó de hablar, Oscar comenzó a gritar e **insultarlo**.

-¡Es imposible! Mi padre **nunca** autorizaría este **comportamiento** y estas prácticas **satanistas**. –gritó.

-¡Shhh! **Cállate**, Oscar. –se escuchó la voz de su novia, Lourdes.

-Muy bien. -siguió el director. –No necesito de su consentimiento, ya que el quórum en las **votaciones** de sus padres me **avala** a realizar el **juego**.

El director explicó el **procedimiento** del juego y aclaró que no habría **reglas** por el momento:

1. **Cada** alumno estaba **simétricamente apartado** del otro, **formando** una **ronda**. Una **línea** oscura se veía en el **piso**. La línea iba **desde** el **centro** hasta Úrsula.

2. La línea **comenzaría** a **girar en el sentido de las agujas del reloj** y daría con el siguiente alumno en 1 minuto.

3. Cada alumno tendría 12 minutos y medio para que los votos le **permitieran** vivir.

4. Para dar la aprobación de vida del alumno en juego, todos debían decir "**perdonado**". Sin embargo no alcanzaba con **decir** esta palabra. El sensor debía **aprobar** los parámetros de

fuerza, **pulso**, **latidos por minuto**, **tensión** y **temperatura** que indicaran que el portador decía la verdad.

5. Si alguno de los alumnos no pasaba los parámetros dispuestos por el sensor, el voto seguiría negativo y la votación se detendría hasta poder **cambiarlo**.
6. Una **aguja** más larga iba **señalando** al siguiente **votante**, mientras la más **gruesa** y **corta** señalaba a la persona en juego.
7. Una aguja, apenas visible, giraba **alrededor** de toda la ronda cada 12 minutos. Cuando esta aguja llegara al alumno en cuestión, el **brazalete** explotaría en la muñeca de este y se desangraría hasta la **muerte**.
8. Si todos los votos de los alumnos en juego habían pasado la prueba, la persona en juego sería perdonada, pero seguiría votando.
9. Ante cualquier **alboroto** que se generara, se **expulsaría** un gas en el aire que limita la transmisión del sonido.

-En 30 minutos más comenzará el juego. **Buena suerte**.-el altoparlante **se apagó**.

Los chicos comenzaron a desesperarse y tratar de **desatarse**, pero no parecía haber ninguna posibilidad.

-¡Vamos a calmarnos! –gritó Úrsula. –Si no se calman, sus temperaturas van a subir, su tensión y demás parámetros indicarán que están mintiendo aunque realmente quieran perdonarme.

-**Tiene razón**. –dijo Doris. Ellas habían sido muy buenas amigas hasta tercer año.

De fondo se escucha un contador: 10, 9, 8…

Tik tok. La aguja de la hora ya estaba en Úrsula otra vez, la del minuto en Donato, quien estaba a su **izquierda**. El **segundero** comenzó a girar hacia Donato también.

Donato y Úrsula eran **mejores amigos**. Úrsula siempre había sido **generosa** con todos sus **compañeros**. A veces les prestaba sus **tareas** para que las **copiaran**. Ella parecía no tener problemas con nadie. Sus padres eran muy **humildes**.

-No tengo nada que perdonarte. —De fondo se escucha un **pequeño** sonido de aprobación.

Donato y Úrsula se miran y **sonríen**. Ambos están muy felices. Pero... aún faltan 10 votos.

La siguiente era Trinidad. Ella era una chica **rubia** cuyos **padres** eran muy **adinerados**. **Vestía ropa cara** y gastaba un **dineral** en **cirugías** para cada parte de su cuerpo. Estaba **obsesionada** con la **belleza**.

Trinidad se quedó en silencio.

-Trinidad, es tu **turno**. El **minutero** te está apun...-dijo Úrsula.

-**Lo sé**. —Trinidad la interrumpió, pero no la miraba a la cara.

Ella miraba al horizonte. Úrsula desesperaba rápidamente mientras el segundero pasaba por encima de su amigo Donato.

-¿No vas a decir nada? Si no hablás voy a morir.

-Entonces cállate. Y escúchame.-Trinidad comenzó a mirarla a los ojos. Tenía los ojos **llorosos**. —Siempre tuviste todo lo que yo no tuve nunca. Tienes el **amor** de tus padres. Todos en el curso te adoran. Siempre fuiste inteligente y sociable. Tienes amigos verdaderos y ni siquiera necesitas un buen celular para **actualizar** tus redes sociales. Quiero que vos me pidas perdón.

Los ojos de Úrsula se abrieron como dos **platos**. El segundero ya estaba **pasando** la silla de Trinidad.

-¡¿Qué?! ¿Por qué debería pedirte perdón? ¡Siempre fuiste una perra con todo el mundo! ¡No **mereces** compasión de nadie! —le gritó una compañera que estaba **más adelante** en la ronda, Selena.

-Muy bien, -respondió Regina. —entonces no la perdono.

-Selena, está bien. —le contestó Úrsula con **paciencia**. —No sabía que te estaba haciendo tan mal. Debí de haber sido más **compasiva** con vos e intentar **incluirte** cuando pude. **Lo lamento**.

-¡No te **creo**! —Trinidad insistía. —¡Tu **pulserita** no sonó!

Cristian le explicó que su pulsera no estaba **encendida**. Que la única que estaba esperando una respuesta era la suya. Trinidad la miró, notó su cara de sinceridad y se dio cuenta de que realmente estaba diciendo la verdad.

-Te perdono. –declaró Trinidad.

El sonido de aprobación volvió a sonar, pero esta vez el segundero ya lo había pasado a Cristian, que era el siguiente en la ronda. Cristian no lo **dudó** ni un segundo. Ciro hizo lo mismo.

-Claro que te perdono. –dijo Selena. Ella era su prima

Sin embargo, esta vez no se escuchó el signo de aprobación. Una **chicharra** se escuchó y el minutero seguía sobre Selena. Úrsula no paraba de abrir los ojos. Casi se larga a llorar. Selena estaba **atónita**.

-Te perdono, te perdono, te perdono… -Selena lo seguía repitiendo pero la chicharra no paraba de sonar cada vez que lo repetía.

Selena se desesperaba y quería soltarse de la silla.

-Quizás eres **hipertensa**. –opinó Dina.

-No te perdona un carajo. –dijo Doris mientras se reía a **carcajadas**.

-¿Te causa gracia? –le gritó Donato.

-¡Mucha! –le respondió Doris.

En ese momento Úrsula no paraba de llorar. Sabía que aunque todos la perdonaran, Doris no la iba a dejar pasar. Todos comenzaron a gritar y a **pelearse** entre sí. Los gritos hicieron que volvieran a abrirse las **rendijas** con la **sustancia** que **entorpecía** el libre paso del sonido. Los sensores siguieron sonando hasta que hubo silencio en la sala.

Selena estaba mirando hacia abajo. Levantó la mirada y miró a su prima a los ojos.

-Siempre fui la segunda. La segunda que nació. La que recibía toda tu ropa usada. Nunca pude elegirme nada. Y **te agradezco** la solidaridad, pero nunca me dejaste ser yo. Soy tu **copia**. –confesó Selena. –En realidad nunca pienso en eso, y no te guardo rencor porque **no es tu culpa**. Pero esta situación solo **me llevó a** pensar en eso. Perdón.

-No, -le respondió Úrsula. –tú deberías perdonarme a mí. Podría haberte preguntado antes de pedir algo que luego caería en tus manos, o deliberar **junto contigo** lo que fuéramos a hacer. Mi opinión nunca va a valer más que la tuya.

En ese momento, Selena se sintió más culpable que nunca.

-Perdonada.-dijo Selena y **al fin** se escuchó el sonido de aprobación.

El segundero ya iba cerca de Dina, que estaba a tres **lugares** de Úrsula.

Ximena gritó "perdonada" pero no estaba calmada. Se tomó dos segundos, miró al piso, sonrió y dijo: –Estás perdonada.

En orden, los siguientes compañeros la perdonaron: Octavio, Nicolás, Dina y Oscar. Era el turno de Dina. Ella solo seguía riendo y el segundero ya estaba cerca de Oscar.

-¿Sabés qué? –comenzó a hablar Doris.

-¡Juro por Dios que si no mueres hoy, te mataré yo! –le gritó Selena.

-Si no me dejas hablar, no hablaré. –le contestó Doris.

-Selena, por favor. –Úrsula le pidió silencio a su prima.

-Sí, claro que lo sabes. Hace tres años. Ese **trofeo** era mío. Toda mi vida estudiando para **ganar** algo. Aunque fuera el **reconocimiento** de unos idiotas que se hacen llamar doctores. Eso me daría solo satisfacción. Y era todo lo que necesitaba. Necesitaba **orgullo** propio. – Doris no paraba de hablar.

El segundero se seguía acercando a ella.

-No te tengo pena porque seas **pobre**. A mí me cuesta hacer lo que hago. ¿Crees que fue **fácil** para mí? Ese problema lo resolví yo. Y tú quedaste como un genio. ¿Sabes el tiempo que estuve estudiando? Tú eres una **farsante**.

El resto mantenía silencio, algunos con **bronca**, otros **sorprendidos** por lo que Doris estaba confesando.

-¿Pero sabes qué es lo peor? –Doris seguía hablando y el segundero ya la había alcanzado. –Orlando. Tú te lo quedaste. Él era mío y solo **te admiraba** ti ese día. Pero ¿sabes qué? –el segundero estaba **a punto de** llegar **de vuelta** a Úrsula. –**Hoy** tengo el mejor **novio** del **mundo** y me siento **amada**. No sufrí lo que tú sufriste por aquel idiota. Estás perdonada, y siento **pena** por ti.

Sorprendentemente, Doris dijo sus palabras con tanta tranquilidad que instantáneamente se escuchó el sonido de aprobación.

Reunión III (Parte 1)

Úrsula **respiró profundo**. Todos respiraron aires de **gloria** y tranquilidad. Habían estado muy cerca. Pero, esperen. ¡El segundero aún no **se detuvo**! El **reloj** daba la 1 en punto y un contador comenzó a sonar de fondo.

Tik tok. Era **aterrador**. ¿Qué sucedía? ¿Por qué seguía sonando? Úrsula comenzó a desesperarse. Donato trataba de clamarla explicándole que ya estaba. Que ya habían cumplido con todo para **salvarla**. Oscar comenzó a gritar: -¡¿Qué quieres de nosotros hijo de puta?!

-Es el medio minuto extra. —dijo Octavio antes de que el contador se detuviera.

Se escuchó una pequeña explosión detrás de la silla de Úrsula. Su mano cayó al suelo y ella comenzó a gritar hasta perder las **energías** y el **aire**. Detrás de ella se armaba un charco de sangre. Debajo de sus **pies** y hasta el centro se podía ver el **camino** de sangre. Úrsula tiró las manos hacia **adelante** con las fuerzas que le quedaban. Pudo separar sus **muñecas** y soltarse, pero para ese momento perdió todas sus energías y al menos 2 litros de sangre. Su cuerpo **se desplomó** contra el **charco** que llegaba hasta el medio. Doris estaba más que paralizada. No podía respirar.

Allí estaban los alumnos. Con un **cadáver** en el medio. Era la compañera más querida del grupo y no había logrado **sobrevivir**. Todos se quedaron **boquiabiertos** y en shock. La aguja de la hora ya estaba sobre Donato.

Continuará…

VOCABULARY

¡Vamos a...!	Lets...!	izquierda	left
a punto de	about to	joven	young
abiertos	open	juego	game
acallado	shut up	junto contigo	with you
actualizar	update	latidos por minuto	beats per minute
adelante	ahead	línea	line
adinerados	wealthy	llorosos	tearful
aguja	needle	Lo lamento	I'm sorry
aire acondicionado	air conditioner	Lo sé	I know
al fin	at last	lugares	places
alboroto	noise	luz	light
alrededor	around	más adelante	later
altoparlante	loudspeaker	me llevó a	led me to
alumnos	students	mejores amigos	best friends
amada	loved	mereces	you deserve
ambos	both of them	mienten	lie
amor	love	mientras	while
apartado	pulled apart	minutero	minute hand
aplicada	hardworking	muerte	death
aprobación	approval	mundo	world
aprobar	approve of	muñecas	wrist
atados	tied	no es tu culpa	It's not your fault
aterrador	scary	novio	boyfriend
atónita	stunned	nunca	never
avala	support	obsesionada	obsessed
belleza	beauty	orgullo	pride
bocina	horn	oscura	dark
boquiabiertos	open-mouthed	paciencia	patience
brazalete	bracelet	padres	parents
bronca	rage	paralizada	paralyzed
Buena suerte	Good luck	pasando	passing

cada	each	pedir	ask for
cadáver	corpse	pelearse	fight
cállate	shut up	pena	pain
calmarse	calm down	pequeño	small
cambiarlo	change it	perdonado	forgiven
camino	trace	permitieran	allow
cara	expensive	pies	feet
carcajadas	laughter	piso	floor
centro	center	platos	dishes
charco	puddle	pobre	poor
chicharra	kazoo	portador	carrier
cirugías	surgeries	precintos	seals
clavadas	nailed	procedimiento	process
colegio	school	profundo	deep
comenzaría	would start	pueblo	town
compañeros	class-mates	pulserita	bracelet
compasiva	compassionate	pulso	pulse
comportamiento	behavior	rasguño	scratch
Continuará	To be continued	reconocimiento	recognition
copia	copy	reflector	reflector
copiaran	copy	reglas	rules
corta	short	reloj	clock
creo	believe	rendijas	slits
cuerdas vocales	vocal chords	respiró	breathed
curso	course	ronda	round
De repente	Suddenly	ropa	clothes
de vuelta	back	rubia	blonde
decir	say	sala	room
desatarse	untie	sale	comes out
desde	from	salvarla	save her
despierta	awake	satanistas	satanist
determinar	decide	se apagó	it turned off
dicen la verdad	tell the truth	se cansan	get tired
dineral	packet	se desplomó	plummed

director	head-teacher	se detuvo	stopped
doce	twelve	se pusieron de acuerdo	came to grips
dudó	hesitated	secundaria	high school
en el sentido de las agujas del reloj	clockwise	segundero	second hand
encendida	on	señalando	pointing out
energías	energies	sensor	sensor
entorpecía	hindered	sillas	chairs
expulsaría	would realease	simétricamente	symmetrically
fácil	easy	Sin embargo	Nevertheless
farsante	phony	sobrevivir	survive
fondo	background	sonido	sound
formando	shaping	sonríen	smile
fuerte	strong	sorprendidos	surprised
fuerza	force	suelo	floor
ganar	win	sur	South
gastar	spend	suspiro	sigh
generosa	generous	sustancia	substance
girar	turn	tardaron	lasted
gloria	glory	tareas	homework
gritar	shout	te admiraba	admired you
gruesa	wide	te agradezco	I thank you
hablar	speak	temperatura	temperature
hipertensa	hypertensive	tensión	tension
hoy	today	Tiene razón.	She's right.
humildes	humble	trofeo	trophy
ilesos	unharmed	turno	turn
imaginen	imagine	única	only
incluirte	include you	varios	several
inicio	beginning	vestía	wore
insultarlo	insult him	votaciones	voting
intentando	trying	votante	voter

Reunión III (Parte 1)

STORY 6

This story has a nice lesson to teach about our instincts and trust in unknown people, how the beats of your heart can be more trustworthy than logic.

This story will teach you very specific vocabulary that might be useful in extreme cases:

- ✓ crime language
- ✓ means of transport: train

Intuición En Custodia

Era un día común en la localidad de Capilla del Monte y Patricio decidió **tomar** el **tren** a San Juan. Todos los **meses**, Patricio iba a **visitar** a su papá, que vivía en Caucete, San Juan.

Patricio tenía muy buena **intuición** con las personas que lo rodeaban. Él, **por ejemplo**, sabía que el chofer Norberto era un **buen hombre** que **cuidaba** de sus nietos. Seguramente tendría unos 65 años y siempre que lo veía en el pueblo lo **saludaba** con **calidez** y **esmero**.

Aquel lunes Patricio subió al tren pero no encontró a Norberto. En su lugar, un hombre **barbudo** y de **aspecto descuidado** estaba al mando de la **locomotora**. La intuición de Patricio le **indicaba** que algo no andaba bien. Por lo que Patricio se **acercó** a preguntarle a este hombre qué le **había pasado** al Sr. Norberto.

-**Murió**. -le contestó Norberto sin **mediar** ninguna otra palabra que **amortigüe** la mala **noticia**.

Patricio se sintió **afligido** y se dirigió de nuevo a su asiento con un par de **lágrimas** en sus **mejillas**. La mujer que estaba del lado del **pasillo**, al lado de su **asiento habitual**, le preguntó si le pasaba algo.

-No. **Gracias**, señora. Pero es lo único en la vida que no tiene solución. -le respondió Patricio **secándose** las lágrimas.

Intuición En Custodia

-No te sientas mal. -respondió la señora intentado que la situación volviera a la **cotidianeidad**.

Patricio se sentó a su lado, en el asiento de la **ventana**, y comenzó a observar el paisaje de Capilla del Monte y cómo este se iba **moviendo** a la **velocidad** de la locomotora. Sus **ojos llorosos** solo le permitían ver una **fotografía borrosa**. Al **observar** a través del **vidrio**, pudo ver la **silueta** de un hombre con el **uniforme** que siempre llevaba Norberto. La silueta se **acercaba** hacia el tren, como intentando **alcanzarlo**. Sus **brazos** se alzaban en el aire como si estuviera dirigiendo un **avión**.

Patricio no estaba **seguro** de que aquel hombre fuera Norberto, ya que ese uniforme lo había visto en muchas personas que trabajaban en la **estación** de trenes.

De alguna u otra forma, Patricio sentía un **dolor** en el **pecho**. Era una **sensación** de **disgusto**, o un **mareo** fuerte que lo hacía sentirse **inestable**.

-¿Te sientes bien? -le preguntó la mujer **sentada** a su lado. -Te ves **pálido**.

-No. Me duele el **estómago** y el pecho. -le respondió Patricio sin **preocuparse** por **asustar** a la mujer.

-Debe haber sido algo que comiste. -respondió la mujer con un tono robótico, como diciendo una **respuesta** automática. Esta **frase** era una **muletilla** que hasta los médicos usaban cuando realmente no querían **indagar** en el problema real.

Patricio se calmó un poco, pero **se asustaba** hasta con la **mirada** de cada **pasajero**. Su padre siempre le dijo que utilizara el **cerebro** antes que el **corazón**, pues el **enamoramiento** con su madre había resultado en una tragedia que podría haberse anticipado con el uso de una lógica sistemática.

Es por ello que Patricio intentó **calmarse** y analizar la situación. Norberto había muerto, y eso era un proceso natural. Pero, ¿por qué el nuevo chofer había respondido con tanta **crudeza** y poca **sensibilidad**? Es raro que un chofer del pueblo no conociera a Norberto lo suficiente como para lamentar su pérdida.

En la siguiente **parada**, Patricio notó que una chica se bajó

descompuesta del tren pero un hombre se levantó del asiento a intentar **ayudarla** y le **ofreció** agua. La chica estaba **temblando** como si **hubiera visto** un **fantasma**.

La chica se sentó con el hombre que le ofreció **agua** en el asiento que estaba al frente de Patricio. Patricio la miró a la **cara** y la chica le respondió en silencio. Tan solo se miraban. Sentían que no podían hablar mucho. Las dos personas que tenían a sus **costados** no parecían **de confianza,** por lo que cualquier palabra significaba un **riesgo**.

Ambos se transmitían **seguridad**, pero… ¿qué estaba pasando? Existía un aire de **complicidad** sobre el **vagón**. Si bien todos los **indicios** eran **inconclusos**, algo en el **interior** de ellos les decía que algo no estaba bien.

Patricio solo tenía 15 años y sus padres no le permitían **bajar** del tren antes de su parada. Sin embargo, Patricio tenía muy claro que toda **regla** tenía al menos una excepción, y estas no habían sido aclaradas al mo

El tren comenzó a **bajar** la velocidad y a ese mismo **ritmo** el corazón de Patricio **latía sincronizado** con las **pulsaciones** de la chica que estaba **al frente**. El tren **se detuvo** en otra parada.

Florencia, la chica que estaba al frente de él, se levantó **de un golpe,** tomó la mano de Patricio y se bajaron del tren **corriendo**. Nadie comprendía el **apuro**, pero otro pasajero notó que **habían dejado atrás** sus **mochilas,** por lo que las tomó y se bajó del tren con ellas para **devolverlas**.

Al momento de bajarse, las puertas del tren **se cerraron** y este siguió su **camino**. El pasajero que se había bajado se sentía muy **desesperado** porque había tenido intenciones de volver a subir al vagón.

Florencia y Patricio seguían sin **mediar** palabras. El pasajero **se quejó** y los miró como si ellos tuvieran la culpa de algo. Ambos le agradecieron y lo abrazaron. Allí abrazaban a un **desconocido** en la estación de un pueblo que no conocían.

Patricio intentó **hablar**, pero al abrir su **boca** una **explosión** se escucha desde lo lejos en la dirección que había seguido el tren. La onda expansiva tiró a los tres al piso. Al levantarse vieron una columna de **humo** que se extendía desde **unos pocos** kilómetros de donde ellos se encontraban.

La **policía** detuvo a los tres en la comisaría más cercana para declarar. Cada uno contó su **anécdota**, pero ninguno de los detectives que los **entrevistaron** parecía creerles. Los tres jóvenes habían quedado como **cómplices** de una tragedia. Desde las noticias en la radio que se escuchaba **de fondo** en la comisaría se oía sobre un **presunto** ataque terrorista. Los tres pasajeros no sabían en qué estaban metidos, solo sabían que eran inocentes.

Al cabo de unas horas de estar **arrestados**, un policía se acerca y **libera** a Ramón, el pasajero que se había bajado a llevar sus mochilas. ¿Por qué Patricio y Florencia seguían detenidos?

-Yo solo seguí mis instintos. -le confiesa Patricio a Florencia. -¿Acaso fuimos cómplices de una tragedia? Digo, de alguna forma sabíamos que algo estaba mal pero no dijimos nada.

-No podíamos decir nada. Esas dos personas que estaban con nosotros sabían algo e intentaban detenernos. Ellos sí sabían algo. -le respondió Florencia.

-La razón por la cual nosotros bajamos del tren no es menos **válida** que la que ellos **ocultaban**. Eso es lo que yo creo. De alguna forma estamos **mintiendo**, ¿no? -dijo Patricio, y sin esperar respuesta de Florencia, llamó al policía de guardia para avisarle que tenía algo que **confesar**.

El **detective** llegó en unos minutos y ambos **firmaron** una **declaración**.

-Gracias. Ya pueden ir a sus casas. -el detective confirmó la **veracidad** de sus declaraciones y los dejó volver a sus casas.

Al llegar a la casa de su padre, Patricio lo abrazó y su padre le dijo: -Gracias por no **obedecerme**. Quiero que confíes en tu corazón siempre.

VOCABULARY

acercó	got closer	indicaba	indicated
afligido	afflicted	indicios	clues
agua	water	inestable	unstable
al frente	in front	interior	inside
alcanzarlo	reach it	intuición	intuition
amortigüe	cushion	lágrimas	tears
anécdota	anecdote	latía	beat
apuro	hurry	libera	free
arrestados	arrested	llorosos	tearful
asiento	seat	locomotora	locomotive
aspecto	appearance	mareo	dizziness
asustar	frighten	mediar	mediate
avión	airplane	mediar	mediate
ayudarla	help her	mejillas	cheeks
bajar	get down	meses	months
bajar	slow down	mintiendo	lying
barbudo	bearded	mirada	look
boca	mouth	mochilas	backpacks
borrosa	blurred	moviendo	moving
brazos	arms	muletilla	tag
buen hombre	good man	murió	died
calidez	warmness	noticia	news
calmarse	calm down	obedecerme	obey me
camino	path	observar	see
cara	expensive	ocultaban	hid
cerebro	brain	ofreció	offered
cómplices	partners in crime	ojos	eyes
complicidad	complicity	pálido	pale
confesar	confess	parada	stop
corazón	heart	pasajero	passenger
corriendo	running	pasillo	passage
costados	sides	pecho	chest

cotidianeidad	everydayness	policía	police
crudeza	rawness	por ejemplo	for example
cuidaba	took care	preocuparse	worry
De alguna u otra forma	One way or another	presunto	alleged
de confianza	trustworthy	prohibirle	prohibit
de fondo	background	pulsaciones	pulse
de un golpe	suddenly	regla	rule
declaración	declaration	respuesta	answer
descompuesta	sick	riesgo	risk
desconocido	unknown	ritmo	rhythm
descuidado	neglected	saludaba	said hi
desesperado	desperate	se asustaba	was scared
detective	detective	se cerraron	closed
devolverlas	give them back	se detuvo	stopped
disgusto	dislike	se quejó	complained
dolor	pain	secándose	drying
enamoramiento	infatuation	seguridad	safety
entrevistaron	interviewed	seguro	insurance
esmero	care	sensación	sensation
estación	station	sensibilidad	sensitivity
estómago	stomach	sentada	sitting
explosión	explosion	silueta	silhouette
fantasma	ghost	sincronizado	synchronized
firmaron	signed	temblando	shaking
fotografía	photography	tomar	take
frase	phrase	tren	train
Gracias	Thank you	uniforme	uniform
había pasado	had happened	unos pocos	a few
habían dejado atrás	they had left behind	vagón	train coach
habitual	frequent	válida	valid
hablar	talk	velocidad	speed
hubiera visto	had seen	ventana	window
humo	smoke	veracidad	veracity
inconclusos	inconclusive	vidrio	glass
indagar	inquire	visitar	visit

STORY 7

This story is about a family meeting where different opinions of different people in different stages of life and history will show different opinions.

This story will help you in depth with:

- ✓ Sciences and disciplines
- ✓ Technological devices
- ✓ School subjects

Mitín

Rosa. Rosa era su color **preferido**. Rosa su **flor favorita**. Rosa el color de sus **nubes**. Rosa su **nombre**. Rosa su **casa**. Rosa sus **peluches** y rosa todo su **mundo**.

Rosa, o Rosita, como le decían sus **vecinas**, era una **señora mayor**, de unos 75 años. Su **cabello** estaba también **teñido** de rosa, claro. Rosita se **levantaba** a las 6 a. m. todos los días, **encendía** su TV y **miraba**. Ella no **apagaba** la TV hasta que se iba a dormir.

Cierta tarde decidió invitar a sus seis **nietos** a su casa. Lucio y Javier eran sus nietos preferidos, que tenían **cerca de** 20 años. **Luego** estaba Luciano, de 24 años. Marta era la única mujer, ella tenía 22 años y era hermana de Javier. Y luego estaba el más viejo, Horacio, que tenía 32 años y estaba **casado**. Él fue **adoptado** de grande. Él no disponía de mucho **tiempo normalmente**, por lo que tenerlo en casa **significaba** tener **suerte**. Y Ernestino, que tenía 14 años.

Rosita **parecía** una mujer **agradable**, pero **en realidad** todos sus **amigos** eran **falsos** y le **demostraban** afecto solo por su **reputación** y **apariencia**. También era una señora muy **adinerada**. **Nadie** sabía cómo había logrado tener **tanto dinero**. **Seguramente** había sido por su **difunto** esposo, aunque también había trabajado en televisión como parte del **programa** más viejo en el mundo.

Los nietos de Rosita **llegaban** de a uno a comer. Rosita quería saber qué era de sus **vidas**, porque hacía tiempo que no los veía y la verdad es que **después** de tanta televisión ella se **había acostumbrado** a **vivir** una realidad **colmada** por la **avaricia** de los **medios** y la **invasión** de las **hegemonías** y **monopolios mediáticos**. Aunque claro está, ella no se daba cuenta de todo aquello, sino que simplemente adhería a lo que escuchara. **Jamás** podía entablar una discusión con nadie porque **carecía** de argumentos **propios** y **sonaba** como un **loro** que no paraba de **repetir** las **mismas** frases **una y otra vez**.

Todos sus nietos eran milenials modernos. Marta y Ernestino estaban con sus **celulares presionando** las **pantallas** y **deslizando** sus **dedos** hacia **arriba**. A veces reían pero era una risa **efímera**, no de esas que **estallan** en el **silencio** y que luego cuando **recuerdas** aquel momento vuelves a reírte a carcajadas de tan solo recordarlo. Más bien no son **risas**, sino **sonrisas**. Javier y Lucio seguían hablando de **la copa mundial** de tenis desde que llegaron. Ninguno de ellos **jugaba** al tenis, solo les **gustaba** mirar, aunque a veces jugaban solos con una consola de videojuego con sensibilidad **cinética** que su abuela les había **regalado** pensando que los uniría más.

Horacio, por su parte, seguía con su computadora haciendo **negocios**, hablando con sus **colegas**, sus **empleados** y sus **clientes**. Esa era su vida.

Y Luciano, él tan solo intentaba **hablar** con su abuela. Era una persona muy **culta**, siempre con ganas de **aprender** más. Él ya tenía un **título universitario** y estaba actualmente en un posgrado. Él sabía mucho sobre **naturaleza, sexualidad, historia, cultura, lengua, filosofía, derecho, medicina, psicología, política**, entre otras ciencias y disciplinas. Sin embargo, su **abuela** nunca entendía de qué hablaba Luciano. Solo se limitaba a **asentir** con la cabeza, simulando que entendía lo que estaba escuchando, pero era **inútil**, claro que Luciano ya sabía que solo estaba **fingiendo**.

Al sentarse en la mesa, todo siguió igual. Todos menos Luciano **seguían** inmersos en su propio mundo, por lo que Rosita **se enojó** y dijo:

-Antes de **comer**, quiero que todos **aparten** sus celulares,

computadoras y aborten cualquier conversación que tenga que ver con videojuegos. Aquí el único que me habla es Luciano y el resto solo son fantasmas que comen y **se van**.

Sus nietos quedaron **atónitos** ante la reacción de su abuela; sin embargo, Luciano fue el único que le respondió.

-Abuela, ¿tú qué me dices? Pues, ¿sabes algo de lo que está pasando hoy en día? ¿Tienes idea de qué **pastillas** estás **tomando**? ¿Tienes idea de quién **fabrica** toda esta **tela** rosa o de dónde **proviene**? ¿Sabes qué **políticas** han adoptado los **medios** en tu **país**? ¿Conoces la **influencia** de otros países sobre el nuestro? ¿Sabes a quien votaste para que te representen? ¿Sabes algo sobre el **calentamiento global**? ¿Sabes cuántas posibilidades nos ofrecen para **renovar energías**? ¿Sabes qué planes tenemos como humanidad para los próximos 10 años? ¿Sabes… quién me gusta? —Las preguntas **retóricas** de Luciano **marearon** un poco a la abuela, pues parecía no saber nada de lo que acaba de preguntar.

-Entiendo que esta sea tu casa, y lo respeto. —Siguió Luciano. —Pero no nos **juzgues**. Nosotros **entendemos** a tu **generación**, entendemos la **falta** de **información** que tenían y entendemos que **prefieran quedarse** en esa zona de confort **por siempre**, en la **comodidad** de la **ignorancia**. Entiendo que **nos culpen** por todo lo que **pasa** y que se opongan a todo nuestro **progreso**. Entiendo que no entiendan. Puede que les falten neuronas y les sobren experiencias, pero por favor, no nos juzguen. Porque **lejos** de importarme el porqué, yo no te juzgo. No juzgo la **ridiculez** de tus **hábitos**, la **inutilidad** de tu **código de convivencia**, la **ironía** de tus **modales**, los **pecados** de tu **religión**, el **vacío** en tus **prejuicios**, el **ruido** de tus **contraargumentos**…

-¡¿De qué pecados hablas, **mocoso**?! —interrumpió su abuela.

-De todo lo que acaba de decir, ¿solo eso escuchaste? —inquirió Horacio.

-¿**Creíste** que no era un pecado la **pereza**? Te pasas la vida mirando televisión. —le contestó Marta.

-¿Y tú no? —**replicó** su abuela.

-¡Claro que sí! Pero luego no me lleno la boca diciendo que soy cristiana. —dijo Marta.

-¡Eres una mocosa!- gritó su abuela enfadada.

-¿Eso no es una **mala palabra**? –preguntó Javier.

-Ni hablar de tu **avaricia**. Te **sobra** el **dinero** y lo único que haces es **demostrarlo** con cada una de tus **joyas**. Acá la única **chapada** eres tú. –contestó Lucio, quien se levantó de la mesa, tomó su **abrigo** y se **retiró** de la casa.

Lo mismo hicieron cada uno de sus **nietos**, pero antes de que Luciano **terminara** de **levantarse** de su silla, lo tomó del brazo y le dijo:

-**Disculpen**. No se vayan. ¡Por favor! –le suplicó su abuela.

-Está bien. Pero veo que sobra comida. ¿Puedo invitar a mi **novio**?

Su abuela no dijo una sola palabra. Luciano sonrió y se alejó con **gentileza**, pero no llegó muy lejos.

-¡**Claro** que puedes! –gritaba su abuela desde su silla.

VOCABULARY

¡Por favor!	Please!	llegaban	arrived
¿Creíste…?	(Did you) think…?	loro	parrot
abrigo	coat	luego	then
abuela	grandmother	mala palabra	bad word
adinerada	wealthy	marearon	dizzy
adoptado	adopted	mediáticos	media
afecto	affected	medicina	medicine
agradable	nice	medios	media
amigos	friends	medios	media
apagaba	turned off	miraba	watched
apariencia	appearance	mismas	same
aparten	move away	mocoso	brat
aprender	learn	modales	manners
arriba	above	monopolios	monopolies
asentir	assent	mundo	world
atónitos	stunned	nadie	no one
avaricia	greed	naturaleza	nature
cabello	hair	negocios	business
calentamiento global	global warming	nietos	grandchildren
carecía	lacked	nietos	grandchildren
casa	house	nombre	name
casado	married	normalmente	regularly
celulares	cell phones	nos culpen	blame us
cerca de	around	novio	boyfriend
chapada	old-fashioned	nubes	clouds
cinética	kinetics	país	country
claro	of curse	pantallas	screens
clientes	customers	parecía	looked like
código de convivencia	coexistence code	pasa	happens
colegas	colleagues	pastillas	pills
colmada	full	pecados	sins

131

comer	eat	peluches	teddies
comodidad	comfort	pereza	sloth
computadoras	computers	política	politics
contraargumentos	counterarguments	políticas	policies
culta	cultivated	por siempre	forever
cultura	culture	preferido	favorite
dedos	fingers	prefieran	prefer
demostraban	showed	prejuicios	prejudices
demostrarlo	prove it	presionando	pressing
derecho	law	programa	program
deslizando	sliding	progreso	progress
después	after	propios	own
difunto	deceased	proviene	comes
dinero	money	psicología	psychology
dinero	money	quedarse	stay
Disculpen	Excuse me	recuerdas	remember
efímera	ephemeral	regalado	given (as a present)
empleados	employees	religión	religion
en realidad	actually	renovar	renew
encendía	turned on	repetir	repeat
energías	energies	replicó	replied
entendemos	we understand	reputación	reputation
estallan	burst	retiró	left
fabrica	factory	retóricas	rhetorical
falsos	fake	ridiculez	ridiculous
falta	lack	risas	laughter
favorita	favorite	ruido	noise
filosofía	philosophy	se enojó	got angry
fingiendo	pretending	se van	leave
flor	flower	seguían	kept
generación	generation	seguramente	surely
gentileza	gentleness	señora mayor	old lady
gustaba	gustaba	sexualidad	sexuality
había acostumbrado a	had got used to	significaba	meant

hábitos	habits	silencio	silence
hablar	talk	sobra	is left out
hegemonías	hegemonies	sonaba	sounded
historia	history	sonrisas	smiles
ignorancia	ignorance	suerte	luck
influencia	influence	tanto	so much
información	information	tela	cloth
inútil	usless	teñido	dyed
inutilidad	futility	terminara	finishes
invasión	invasion	tiempo	time
ironía	irony	título	degree
jamás	never	tomando	taking
joyas	jewelry	una y otra vez	again and again
jugaba	played	única	only
juzgues	judge	universitario	college
la copa mundial	The World Cup	vacío	empty
lejos	far	vecinas	neighbors
lengua	language	vidas	lives
levantaba	got up	vivir	living
levantarse	get up		

Spanish Short Stories

STORY 8

This story can be told to children and it has a nice ending and reflection about... reflection. Sneak your nose into a world full of magic and love: our world.

You will learn about:

- ✓ flavors
- ✓ fruits
- ✓ vegetables
- ✓ nature
- ✓ physical appearance
- ✓ nutrition

Reflejos Imperfectos

Alicia era una niña de 14 años que vivía con su abuela en una **cabaña** de **madera** que se encontraba en un **bosque grande**, alejadas de cualquier **pueblo**. En esta cabaña siempre había **caramelos por doquier**, de muchos **sabores: frutales, cítricos, dulces, amargos** e incluso algunos eran ácidos. Los hacía su **abuela** y a Alicia le gustaban mucho, especialmente los **frutales**, por esto, ella era una niña con **sobrepeso**, pero a su abuela no parecía importarle en tanto la hiciera feliz con más caramelos.

Para que su abuela pudiera hacer los caramelos, Alicia iba al bosque a **recolectar** frutas. Recolectaba **peras, moras, uvas, cerezas, manzanas, mandarinas, limones** y **duraznos**. También recolectaba **verduras** y **hortalizas** para que su abuela hiciera el almuerzo y la cena: **papas, zapallos, zanahorias, pimientos, cebollas** y **remolachas**.

Su cabaña tenía una peculiaridad que a cualquiera le hubiera llamado la atención: no tenía **espejos**. Alicia nunca había visto su propio **reflejo** y las **ventanas** de su casa tampoco tenían vidrios, ya que en ese momento todo aquello era muy **costoso** y ellas no adherían al sistema económico de su **país**. Aparte, su abuela creía que los reflejos se utilizaban para la **brujería** y mostraban un mundo paralelo lleno de secretos **oscuros** y **tenebrosos**, aunque Alicia no sabía esto.

Cierta **tarde**, Alicia decidió ir más allá de los límites que le había impuesto su abuela en el bosque para recolectar frutas y **explorar**.

Aquel día, el sol **resplandecía** en el **cielo** por detrás de las **nubes**. Alicia siguió **caminando** por el bosque hasta que se topó con un **pequeño lago**. Las aguas estaban quietas. Alicia fue a **mojar** sus **pies**. Nunca había visto un lago **antes**. **De hecho**, era una niña que tenía 14 años y la única persona que había visto era a su abuela.

Pero aquel día, **algo** comenzaría a **cambiar**. Cuando **sumergió** sus pies en el agua, Alicia pudo observar su cara y su cuerpo **reflejados** en la superficie del agua. Veía su cara con los **granos** característicos de su **edad**, su **panza** que **sobresalía** de su **cintura** y el **pantalón** que le había hecho su abuela le **apretaba**. También veía sus **cabellos largos** de color **negro**, que jamás había cortado.

«No tengo las feas **arrugas** de mi abuela, mi **piel** es **brillante**, mi cuerpo no deja ver los **huesos** que están debajo. Mi **pelo** no tiene nada **gris** y mi **sonrisa**… Mi sonrisa es **blanca**. Soy **hermosa**».

Alicia se quedó mirando su reflejo durante **media hora** y decidió volver a la cabaña pero todavía tenía que recolectar las frutas y verduras que su abuela le había encargado. Volvió pensando por qué su abuela no la dejaba ir más lejos del bosque.

Al llegar a su casa, su abuela notó la cara de **alegría** de Alicia. Le preguntó qué le pasaba pero Alicia no respondió. Su abuela sospechó y se acercó a ella, la tomó del brazo y le volvió a preguntar.

-¿Qué tienes en los pies? ¿Eso es agua? –preguntó su abuela un tanto **enojada**.

-¡Sí! ¿Por qué no me dejabas ir más allá del bosque? He visto una gran **cantidad** de agua y también lo hermosa que soy.

-¡Ahora eres una **vanidosa**! Sabía que esas aguas estaban llenas de oscuridad. Nunca debí **confiar** en ti y dejarte ir sola.

-¡Pues yo tampoco debí confiar en que esos límites serían para cuidarme!

Alicia se enojó y cerró la puerta de su habitación con fuerza. Estaba muy enojada y **no paró** de **preguntarse** cuál sería la **razón** por la que su abuela **se oponía** a que ella se mirara al espejo. Estuvo toda la noche pensando y recordando lo feliz que se había sentido al mirar su reflejo en el agua. Nunca antes había sentido admiración por sí misma. Ahora sabía que también podía amarse.

A decir verdad, la vanidad no era el problema para su abuela. Ella en realidad pensaba que al ver su reflejo, Alicia **se sentiría** mal por sus **granos** y su sobrepeso. Su abuela nunca había sido gorda y no pensó que sería algo que **le agradaría** a su nieta.

Al día siguiente, su abuela le hizo el desayuno: unas **tostadas** con **mermelada** y té de **manzanilla** con **miel**.

-¿Qué es esto? —preguntó Alicia **señalando** la mermelada y haciendo una **mueca** con gestos de **repugnancia**.

-Eso hice con la fruta que trajiste ayer. —respondió su abuela. —Hoy no habrá caramelos.

-¿Y de **almuerzo** qué comeremos? ¿Papas **pisadas**?

-Así es. Eso se llama **puré**. Hoy no habrá papas fritas.

Alicia la miró **asustada**. No sabía si su abuela estaba hablando en serio o estaba **bromeando**.

-Abuela, no hay nada de malo en amarte **a ti misma**. No es necesario que me llames vanidosa, porque nunca **presumiré** al respecto. Simplemente estoy feliz con el cuerpo que tengo, y esta **panza** está llena del amor que todos tus caramelos tienen como ingrediente secreto. Comeré mejor, pero por favor no dejes de hacer esos ricos caramelos hechos con frutas, **azúcar** y mucho **amor**.

Su abuela quedó atónita ante la respuesta de su **nieta**. No se esperaba que pudiera razonar dichos conceptos que para ella resultarían contradictorios. Ella solo amaba a su nieta y a su **Dios**.

A partir de ese día, Alicia y su abuela iban a **bañarse** todos los días al lago y mirarse en el reflejo del agua. Ambas comenzaron a aceptar su **amor propio** y a admitir que **cada una** era bella a su **manera**.

VOCABULARY

a ti misma	yourself	mandarinas	tangerines
abuela	grandmother	manera	way
ácidos	acid	manzanas	apples
Al día siguiente	The next day	manzanilla	chamomile
alegría	joy	media hora	half an hour
algo	something	mermelada	jam
almuerzo	lunch	miel	honey
amargos	bitter	mojar	wet
amor	love	moras	blackberries
amor propio	self-love	mueca	grin
antes	before	negro	black
apretaba	squeezed	nieta	granddaughter
arrugas	wrinkles	no paró	didn't stop
asustada	scared	nubes	clouds
azúcar	sugar	oscuros	dark
bañarse	bath	país	country
blanca	white	pantalón	pants
bosque	forest	panza	belly
brillante	sparkly	papas	potatoes
bromeando	joking	pelo	hair
brujería	witchcraft	pequeño	small
cabaña	cabin	peras	pears
cabellos	hair	piel	skin
cada una	each one	pies	feet
cambiar	change	pimientos	peppers
caminando	walking	pisadas	mashed
cantidad	amount	por doquier	everywhere
caramelos	candies	preguntarse	wonder
cebollas	onions	presumiré	boast about
cerezas	cherries	pueblo	town
cielo	heaven	puré	mashed potatoes

Reflejos Imperfectos

cintura	waist	razón	reason
cítricos	citrus	recolectar	collect
confiar	trust	reflejados	reflected
costoso	expensive	reflejo	reflection
de hecho	in fact	remolachas	beets
Dios	God	repugnancia	disgust
dulces	sweet	resplandecía	shone
duraznos	peaches	sabores	flavors
edad	age	se oponía	opposed
enojada	angry	se sentiría	felt
espejos	mirrors	señalando	pointing out
explorar	explore	sobrepeso	overweight
frutales	fruit	sobresalía	stood out
grande	big	sonrisa	smile
granos	pimples	sumergió	plunge
gris	gray	tarde	late
hermosa	beautiful	tenebrosos	tenebrous
hortalizas	vegetables	tostadas	toasts
huesos	bones	uvas	grapes
lago	lake	vanidosa	vain
largos	long	ventanas	windows
le agradaría	would like it	verduras	vegetables
limones	lemons	zanahorias	carrots
madera	wood	zapallos	pumpkins

STORY 9

This is a very interesting story written in a special post-modernist style that includes meta-fiction. The story is actually real and might be of your interest if you are interested in:

- ✓ Social affairs
- ✓ Political opinions
- ✓ Moral and ethics
- ✓ Legal terms

Otra Anécdota Diaria

Alonso era un **escritor** de 23 años que **vivía** con su **perro adoptado** en un pequeño **departamento** de una **gran ciudad** argentina. Aquella **noche** él ya estaba en frente a su **computadora** sin muchas **energías** ni ideas para **comenzar** a escribir sus **grandes cuentos** de **fantasía** que a muchos motivaban a leer, aprender y **pensar** a través de **analogías** y **metáforas**. La razón por la cual no se le ocurría **nada** era que había pasado por un acontecimiento traumático hacía menos de media hora y debía entregar su **relato a tiempo** para **ganarse la vida**. Su **corazón** aún seguía **latiendo fuerte**, su **respiración** seguía **agitada** y aún sentía los **efectos** de la adrenalina en su **piel**. Sentía la **transpiración** correr por su **cuerpo**, sus **manos** y el **calor** de su cuerpo que lo **preparaba** para **resistir**. De alguna forma ya estaba acostumbrado a escuchar y leer una y otra vez las mismas anécdotas de otros **vecinos** y **amigos** a los que les había pasado lo mismo, por lo que sabía que la **impunidad** protegía a los **culpables**, la complicidad los **abrigaba**, y tenía en claro que no habría mucho que hacer al respecto más que simplemente **contarlo**, una y otra vez.

Él **decidió** contar su experiencia. **Necesitaba exteriorizar** todo lo que pasaba por su cabeza en ese momento y que alguien lo escuchara, pero también debía seguir **trabajando duro**, porque él estaba **seguro** de que esa era la forma más **digna** de **vivir**: trabajando **honestamente** y viviendo sin hacerle **daño** al resto.

Alonso también tenía un sistema de **valores admirable** e **intachable**, al menos hasta ese día. A veces sus amigos **tildaban** todas sus teorías de **utópicas** e incluso le decían que vivía en un mundo de color rosa, en el mundo de sus cuentos de fantasía, pues cuando Alonso se sumergía en sus cuentos podía **olvidarse** de la **horrorosa realidad externa**. Siempre intentaba ver las cosas **positivas**, pero para ello recurría a una doble negación, como "no estamos en **guerra**" o "no me falta nada". Si bien era **consciente** de que aquellas reflexiones eran simplemente una forma de acallar su **ira**, no dejaba de repetírselo para poder vivir tranquilo. Él se sentía seguro en su casa, entre sus cosas, y **temía** salir **afuera**. En concreto, le **temía** a la humanidad. ¿Era eso humanidad? ¿Un **lugar lleno** de **gente** con **malas** intenciones y peor aún, gente que la **defiende**? De alguna forma él **necesitaba** hacer **catarsis**. Tanto tiempo **esforzándose** para ser mejor persona y tan fácil era **arrebatarle** esa satisfacción. Él sabía que el hecho de que muchos de sus **derechos** eran respetados y de que **gozaba** de un bienestar general no era razón suficiente para estar en calma. Sabía que **negar** el mundo real no era una solución, y omitir pensar en ello tampoco, pues pensaba que si comparamos los peores **casos** al propio, siempre entenderemos que estamos **mejor**. Pero esa no era la forma de realmente estar bien, pues estar mejor no significa estar bien.

Todo el sistema de valores que Alonso tenía se había **corrompido** con un solo hecho. Puesto de una manera **básica**, él pensaba que muchos eran **víctimas** de un **sistema** que **disociaba** y **segregaba** a un grupo de personas, y que las **injusticias** causaban **desigualdad**, y como **consecuencia** de esa desigualdad, el grupo debía **subsistir** a base de alternativas diferentes de las **propuestas** por el sistema. Estas alternativas podían no afectar al sistema, y dentro de estas estaban las que él adoptaba. **Sin embargo**, otras alternativas opuestas al sistema lo corrompían, y cualquiera que **adhiriera** de alguna forma u otra se vería sistemáticamente afectado por el daño colateral. En resumen, por el mero hecho de ser parte del sistema, todos colaboraban con esa desigualdad, y por eso todos eran **culpables, por ende** los efectos colaterales afectaban al mismo sistema.

Alonso simplemente comprendió que los sistemas **paralelos** y sub-sistemas que **funcionaban** en sincronización con el **módulo** principal estaban **aliados**. Uno de esos sistemas paralelos era el del **prejuicio**. Muchas personas, por **temor** a lo diferente, rechazaban cualquier **disidencia** del **paradigma** general adaptado como **dogma** en la sociedad. Por esto, Alonso se había **comprometido** siempre a evitar los prejuicios.

"No sabés por qué lo hace", "no es su culpa, las circunstancias lo obligan", entre otras frases que usaba para **justificar** actos **indefendibles**.

Aquella noche, Alonso sacaba a **pasear a su perrito**, porque siempre fue un **padre responsable**. Aunque tuviera mucho para trabajar, sabía que su perrito **merecía** su paseo **nocturno**, y aunque él mereciera un paseo en paz a cualquier hora de la noche, sabía que no podría tenerlo. No en este **mundo**.

Aquella noche, luego de **levantar** los **desechos** de su **mascota**, Alonso seguía trabajando desde su **celular** cuando dos hombres de unos 25 años pasaron cerca de él. Alonso pensó que el aspecto de estos no era **agradable**. Llevaban una **capucha** y sus **rasgos** eran **típicos** de los **malhechores** que veía en las películas.

Alonso decidió **calmarse** y seguir escribiendo en su celular. Él prefería no ser prejuicioso y no hacer mucho drama. Sin embargo, cuando nota una **sombra** en su cara, ya era tarde. Los prejuicios le habían advertido con tiempo, sus intuiciones no estaban erradas, pero para cuando se dio cuenta de ello, un **arma** lo estaba a **apuntando**.

Alonso ya les estaba entregando el celular, cuando notó que su perro fue a morder el brazo de quien sostenía el arma. Este **gatilló** el arma hacia su **cómplice** en el **pie**. El delincuente soltó el arma, el **perro** soltó el brazo y **ambos delincuentes** se fueron **corriendo**. En la vereda había quedado un **rastro** de **sangre** y el arma.

Alonso abrazó a su perro con fuerzas y le agradeció como siempre lo había hecho: con amor.

De esta forma, Alonso terminó de escribir su cuento, una anécdota

diaria que se vive en **América del Sur**. Alonso volvió a confiar en sus prejuicios porque estos podrían haberle **salvado** la vida. Los prejuicios también existen como un **mecanismo** de defensa. Muchas veces pueden no estar en lo **cierto**, pero prevención significa **invertir** el rol **por defecto** y considerar todo como un riesgo hasta que se **demuestre** lo **contrario**.

VOCABULARY

a tiempo	on time	honestamente	honestly
abrigaba	sheltered	horrorosa	horrible
adhiriera	adhere	impunidad	impunity
admirable	remarkable	indefendibles	indefensible
adoptado	adopted	injusticias	injustices
afuera	outside	intachable	impeccable
agitada	unsettled	invertir	turn around
agradable	nice	ira	go to
aliados	allies	justificar	justify
ambos	both	latiendo	beating
América del Sur	South America	levantar	pick up
amigos	friends	lleno	full
analogías	analogies	lugar	place
apuntando	pointing	malas	bad
aquella	that	malhechores	criminal
arma	weapon	manos	hands
arrebatarle	snatch him	mascota	pet
básica	basic	mecanismo	mechanism
calmarse	calm down	mejor	best
calor	heat	merecía	deserved
capucha	hood	metáforas	metaphors
casos	cases	módulo	module
catarsis	catharsis	mundo	world
celular	cell phone	nada	nothing
cierto	true	necesitaba	needed
ciudad	city	necesitaba	needed
comenzar	start	negar	deny
cómplice	accessory	noche	night
comprometido	committed	nocturno	night
computadora	computer	olvidarse	forget
consciente	aware	padre	father

consecuencia	consequence	paradigma	paradigm
contarlo	tell it	paralelos	parallel
contrario	opposite	pasear a su perrito	walk his puppy
corazón	heart	pensar	think
corriendo	running	perro	dog
corrompido	corrupted	perro	dog
cuentos	stories	pie	foot
cuerpo	body	piel	skin
culpables	guilty	por defecto	by default
culpables	guilty	por ende	thus
daño	damage	positivas	positive
decidió	decided	prejuicio	prejudice
defiende	defend	preparaba	prepared
delincuentes	delinquents	propuestas	proposals
demuestre	prove	rasgos	traits
departamento	flat	rastro	trace
derechos	rights	realidad	reality
desechos	waste	relato	story
desigualdad	inequality	resistir	to resist
diaria	daily	respiración	breathing
digna	decent	responsable	responsible
disidencia	dissent	salvado	saved
disociaba	dissociated	sangre	blood
dogma	dogma	segregaba	segregated
duro	hard	seguro	sure
efectos	effects	Sin embargo	Nevertheless
energías	energies	sistema	system
escritor	writer	sombra	shadow
esforzándose	striving	subsistir	subsist
exteriorizar	externalize	temía	feared
externa	outside	temor	fear
fantasía	fantasy	tildaban	branded
fuerte	strong	típicos	typical
funcionaban	worked	trabajando	working

Otra Anécdota Diaria

ganarse la vida	earn a living	transpiración	sweat
gatilló	triggered	utópicas	utopian
gente	people	valores	values
gozaba	enjoyed	vecinos	neighbors
gran	big	víctimas	victims
grandes	big	vivía	lived
guerra	war	vivir	live

STORY 10

This is a sad story that could perfectly be real. It is situated at a point of time in Argentine history, a very sad one that devastated humanity as it was known before and nothing continued to be the same.

The style is impressionistic at first and then the story jumps back into reality, so both descriptive and narrative structures are used for this one. I personally hope you enjoy this one.

Be careful, as no word that has already been translated above will be translated herein below. Face the challenge!

Sin Nombre

Matías era un joven de 25 años. Una tarde de **verano** se acercó a la **orilla** del lago que estaba a unos pocos metros de su casa. Estaba sentado a centímetros del agua, y las pequeñas **olas** de agua fría se acercaban a sus pies. Matías sentía la **arena** en la **yema** de sus dedos como si fuera una **suave** masa con textura similar a la de la sal. Sus piernas tendidas al sol sentían la brisa oceánica que recorría los alrededores del lago.

Sus bellos ojos **castaños** podían observar las **montañas**, que estaban cubiertas de un verde **vibrante**. En el agua nadaban tres **patos** y dos de ellos parecían estar jugando. Sus plumas verdes y negras contrastaban con el blanco y celeste de un cielo **despejado** en el cual los **rayos** del **sol** atravesaban las **capas** de cristal. Solo el sonido del agua que **salpicaban** los patos podía oírse.

La respiración de Matías era **lenta** y su **torso** se inflaba con cada respiración. Su **corto** cabello negro **resplandecía** como los destellos del agua. Se encontraba muy feliz y calmado. Siempre había admirado la vista de un buen **paisaje**. Él era **artesano** y **pintor**. Sus **cuadros** tenían características **impresionistas** y a veces **surrealistas**.

Las **cimas** de ambas montañas simulaban un clímax perfecto. La **superficie** era **rocosa**, lo suficiente como para incentivar a cualquiera que se atreviera a **escalar**. Sin embargo, también denotaban **peligro** e **incertidumbre** para quien le temiera, ya que las **laderas** eran algo **empinadas**.

Entre el **pastizal** y los **arbustos** se podía **divisar** una forma. La forma podría tener distintas interpretaciones. Matías veía la forma de un **corcel** levantado sobre sus **patas traseras**. Esta **figura le brindaba** sentimientos de **libertad** y seguridad en el contexto de un paisaje **ameno**. Sin embargo, su ojo de artesano le indicaba que si esa figura fuera extraída de todo ese contexto, el corcel le daría ánimos de **valentía**, **rebeldía** y **fuerza**.

«Todo adquiere significado dentro de un contexto», pensó sin decirlo para no **estorbar** el equilibrio del paisaje y el silencio abismal que él comparaba con el **fondo** del océano.

A lo lejos, en el horizonte, podía observarse un **ave**. Era un ave de grandes dimensiones que volaba desde una montaña a la otra. **Se posó** en la cima, y Matías aún no llegaba a ver qué ave era. Podía ser un águila, o un **cóndor**.

El ave lo estaba mirando a él. Matías bajó la mirada y observó cómo una **serpiente** de colores brillantes y vivos **se arrastraba** a unos metros de él. Podría haber medido unos **cincuenta** centímetros. La serpiente **lo rodeó** y siguió su camino **sigilosamente** hasta **escabullirse** en el pastizal.

Matías levantó un **puñado** de arena y dejó que los **granos se escurrieran** entre sus dedos. El sonido de la arena contra el piso era apenas audible. Todo el espacio que Matías tenía en frente parecía estar **vacío**, pero en realidad el silencio era tan grande que hubiera **acallado** casi cualquier sonido.

De repente el ave levantó vuelo desde la cima y bajó la montaña planeando hasta **posarse** al lado de Matías. Era un águila. Su **plumaje** era **pomposo** y tenía colores marrones, dorados, naranjas y algunas líneas blancas.

Sin que hubiera alguna forma de predecirlo, se escucha a lo lejos el **estruendoso ruido** de una puerta al caer de una **patada** contra el **suelo**. Luego se escuchan las voces de hombres gritando con violencia, disparos al aire **sin sentido** y la caída de un **pincel** al suelo. Las manos de Matías aún estaban machadas con **acrílico** dorado, el que estaba usando para las últimas líneas en el plumaje de su **noble** águila. Un hombre armado hasta los **dientes** había entrado a su casa y no era para robarle dinero. Ingresaron muchos hombres más a la escena, todos autorizados por el **gobierno**. Las **máscaras** de los delincuentes daban mucho miedo, eran negras y algunos cascos estaban manchados de sangre. Las **botas** se acercan a pasos agigantados hacia donde está Matías. Eran unos **monstruos insensibles**, o más bien, robots que seguían órdenes sin importar su propio **juicio** de valores sobre lo que hacían. A Matías lo torturaron para sacarle información, pero él no tenía nada que ocultar, por lo que lo torturaron de formas que no puedo describir aquí. Siempre serán culpables por la muerte de Matías y muchos, muchos más. Mucho más que **cien** personas, o **mil** personas. **Más.** ¿Cien mil? No, más. Trescientos mil quizás se acerca. Quizás.

Matías es un pintor que vivirá por siempre en cada uno de sus cuadros pero no vivirá para que Lucía lo abrace y lo felicite por la **belleza** de su arte ni podrá agradecerle el momento de paz que había tenido gracias a él. Eso. Matías **había dejado**, como su **legado**, paz, que fue lo que le arrebataron esa noche.

Su vida ha sido **retratada** en su pintura y estará eternamente **plasmada** en el **lienzo**, en cada una de sus **pinceladas**. "Sin nombre" estaba en un museo de **vestigios** que habían quedado después de la **dictadura** de 1976. Matías no llegó a nombrar su pintura. El nombre abarcaba toda la **gama** entre la **simpleza** y la **complejidad** de la naturaleza, el hombre y todo lo que lo rodea, el equilibrio y todo lo que lo desbalancea. Pero nunca sabremos cuál sería ese nombre.

En aquel museo, donde estaba expuesta la obra, se encontraba Lucía, que había podido ver toda la escena con su corazón. Lucía se conectó con Matías a través del cuadro. Hoy quizás tendrían la misma edad, y quizás se habrían conocido. Podría haber sido una historia de amor, pero no. Esta es la historia real. Lo que pasó y no debería haber pasado. Y lo que no pasará una vez más. Jamás. **Nunca más.**

VOCABULARY

acallado	shut down	más	more
acrílico	acrylic	máscaras	masks
águila	eagle	mil	one thousand
ameno	enjoyable	monstruos	monsters
arbustos	bushes	montañas	mountains
arena	sand	noble	noble
artesano	craftsman	olas	waves
ave	bird	orilla	shore
belleza	beauty	paisaje	landscape
botas	boots	pastizal	pasture
capas	layers	patada	kick
castaños	brown	patas	legs
cien	one hundred	patos	ducks
cimas	tops	peligro	danger
cincuenta	fifty	pincel	bursh
complejidad	complexity	pinceladas	brush strokes
cóndor	condor	pintor	painter
corcel	steed	plasmada	poured out into
corto	short	plumaje	plumage
cuadros	pictures	pomposo	pompous
despejado	clear	posarse	perch
dictadura	dictatorship	puñado	bunch
dientes	teeth	rayos	rays
divisar	spot	rebeldía	rebellion
empinadas	steep	resplandecía	shone
escabullirse	sneak out	retratada	portrayed
escalar	climb up	rocosa	rocky
estorbar	hinder	ruido	noise
estruendoso	thunderous	salpicaban	splashed
figura	figure	se arrastraba	crawled
fondo	background	se escurrieran	scurry

Sin Nombre

fuerza	force	se posó	sttled
gama	spectrum	serpiente	snake
gatillos	triggers	sigilosamente	sneaking up
gobierno	government	simpleza	simplicity
granos	grain	sol	sun
había dejado	had left	suave	soft
impresionistas	impressionists	suelo	floor
incertidumbre	uncertainty	superficie	surface
insensibles	insensitive	surrealistas	surrealists
juicio	judgment	torso	torso
laderas	slopes	traseras	back
le brindaba	gave him	vacío	empty
legado	legacy	valentía	bravery
lenta	slow	verano	summer
libertad	freedom	vestigios	vestiges
lienzo	canvas	vibrante	vivid
lo rodeó	surrounded him	yema	fingertip
	Nunca más.		**Never forget.**

Conclusion

Thank you again for reading this book!
I hope this book was able to help you in your
Spanish learning process in a fun way.

Finally, if you enjoyed this book, then I'd like to ask you for a favor, would you be kind enough to leave a review for this book on Amazon? It'd be greatly appreciated!

Go here to leave a review for this book on Amazon!
www.amazon.com/dp/B076HP7ZLS
Thank you and good luck!

Manufactured by Amazon.ca
Bolton, ON